勉強しなくてもこれだけ分かればできる

5,000円から始める
つみたてNISA

プルーデント・ジャパン代表取締役
瀧川茂一

ファイナンシャルプランナー
小山信康

彩図社

はじめに

２０１８年1月に、新しい制度「つみたてＮＩＳＡ」がデビューしました。

とはいえ、なじみがないと感じる方もいらっしゃるでしょう。

今までにも「ＮＩＳＡ」という制度はありましたが、一般に広く普及しているとまでは言えませんでした。そこに「新しい制度ができましたよ」と言われても、あまりピンとこないのも無理はありません。

しかしこの制度は、これから私たちにとって必須とも言えるほど重要なものになる可能性を持っています。

今後の日本には、親や祖父母の世代のように〝投資とは無縁〟というわけにはいかない時代がやってきます。これまでに増して、自分のお金を管理し、増やしていくことが重要になってくるのです。

つみたてＮＩＳＡは、名前に「つみたて」とある通り、お金をコツコツ積み立てるための制度で、預貯金とは違い、投資によって単なる預貯金よりも多くの資産を築くことを目的としています。

投資というと、「経験がない」「知識もない」などと思われるかもしれませんが、なにも数百万円を用意して、すべてを失う覚悟で投資しろなどというわけではありません。つみたてＮＩＳＡでは、投資信託を利用することで、多くの作業をプロに任せられます。しかもこれは、みんなで力を合わせることで、一人のときよりもメリットが多くなるという方法でもあります。

本書では、つみたてＮＩＳＡの概要はもちろん、当たり前に「コツコツ積み立て」を始められるように、加入方法や投資信託の具体的な選び方についても記しました。

この制度は、誰でも利用できる、メリットのたくさんある「お得な権利」です。しかし、自分で動かなければそのメリットを手に入れることはできません。

ぜひ行動して、そのメリットを自分のものにしてください。

プルーデント・ジャパン株式会社代表取締役　瀧川茂一

もくじ

2章 たったひとつの選択肢・投資信託とはどんな制度？

3章　初心者だからできる堅実な投資法

4章　投資信託の選び方

5章　専用口座を作ろう

6章　つみたてＮＩＳＡの続け方と制度の使い分け

1章

新しく生まれた初心者向けのつみたてNISA

■新しいＮＩＳＡ《ニーサ》が誕生した

ＮＩＳＡは、正式名称を「少額投資非課税制度」といいますが、この名前はその中身をよく表しています。

①少額の
②投資なら
③非課税ですよ

という制度です。２０１４年にスタートし、２０１７年末でまる４年となります。とはいえ、現状では広く普及している制度とは言えません。まずは、従来のＮＩＳＡがどのような制度だったのか、そして、なぜ新しいＮＩＳＡが誕生することになったのか、その経緯を簡単に見てみましょう。

投資で利益が出ると、普通はその利益に対して課税されます。

具体的には、利益に対して約20％の税金（所得税15％、住民税５％、復興特別所得税０・315％）がかかります。しかも、場合によっては確定申告も必要になります。

これを見ただけで、初心者は「そんなに税金を取られたうえ、面倒な手続きが必要になるのなら、投資なんてしなくてもいいや」と思ってしまうでしょう。

そこで、**税金を取られず、しかも面倒な手続きが不要になる方法**が生まれました。それがＮＩＳＡだったのです。

税金なし、面倒な手続きもなしというのは大きなメリットです。このメリットを受けるため、ＮＩＳＡのスタート直後に投資初心者の利用がどっと増えたとしても不思議ではありませんでした。

しかし、蓋を開けてみると、増えたのは〝すでに投資をしていた人たちがＮＩＳＡも利用する〟というケースばかりで、初心者が投資を始めるきっかけになったという例は少なかったのです。

税金や確定申告という面倒なハードルがなくなったのに、なぜ初心者はＮＩＳＡで投資を始めようと思わなかったのでしょうか？

じつは、金融に関わる多くの人が見逃していた、もうひとつの高いハードルがあったのです。

それは、**「初心者が数年間の投資によって儲けるのは難しい」**ということです。

従来のＮＩＳＡ（一般ＮＩＳＡと呼ばれます）には、いくつかの制約がありました。そのひとつが「非課税で運用できるのは最長で5年」というものです。たとえ資産を持っていても、５年以内に一旦、非課税期間は終了してしまうのです。つまり、「5年以内に儲かる投資商品を見つけなさい」ということだと言えます。

しかし、考えてみてください。未経験者が最初の５年間で結果を出すということが、いかに難しいのかを。

このことは投資に限らず、仕事でもスポーツでも、その他のどのようなジャンルでも言えることでしょう。まして投資は、世界中のプロがしのぎをけずるハードな世界です。その中で、最初から5年という制限があることは、初心者にとっては大きなプレッシャーでした。

一般NISAの制度を作ったのは金融の専門家たちです。彼らは「5年間は比較的長い期間だ」と感じていたようですが、初心者の気持ちをつかみ取ることができていなかったのです。

結果、一般NISAは、ある程度投資の経験を積んだ人々が節税というメリットのために利用する制度となりました。

そこで、**これまでのメリットを残しつつ、初心者も利用しやすい新たな選択肢**が2018年に生まれることとなりました。

それこそが本書で紹介する**「つみたてNISA」**です。

■つみたてNISAだけのメリット

既存の一般NISAでは、「100万円を準備して、一気に勝負をしかける」という、ギャンブル的な投資をすることも可能です。

一方、つみたてＮＩＳＡではそういった投資はできません。その代わりに、**運用によって得た利益はすべて非課税**になります。

そして、**最長20年の間、毎年40万円まで、コツコツと積み立て続けることが可能**です。前述したように、一般ＮＩＳＡの運用期間は最長5年間でしたが、それが4倍になっているのです。

この2つが、つみたてＮＩＳＡの最大の特徴です。

非課税のメリットはシンプルです。税金を払う必要がない、確定申告などの手間もかからないという点です。

一般ＮＩＳＡの方にも非課税枠はありますが、非課税期間が長いため、初心者にとってはつみたてＮＩＳＡの方が圧倒的に有利です。

左の図は、一般ＮＩＳＡとつみたてＮＩＳＡのそれぞれで40万円投資した場合の例です。結果を見ると、どちらも10万円の利益が出ていますが、課税のされかたが違っています。

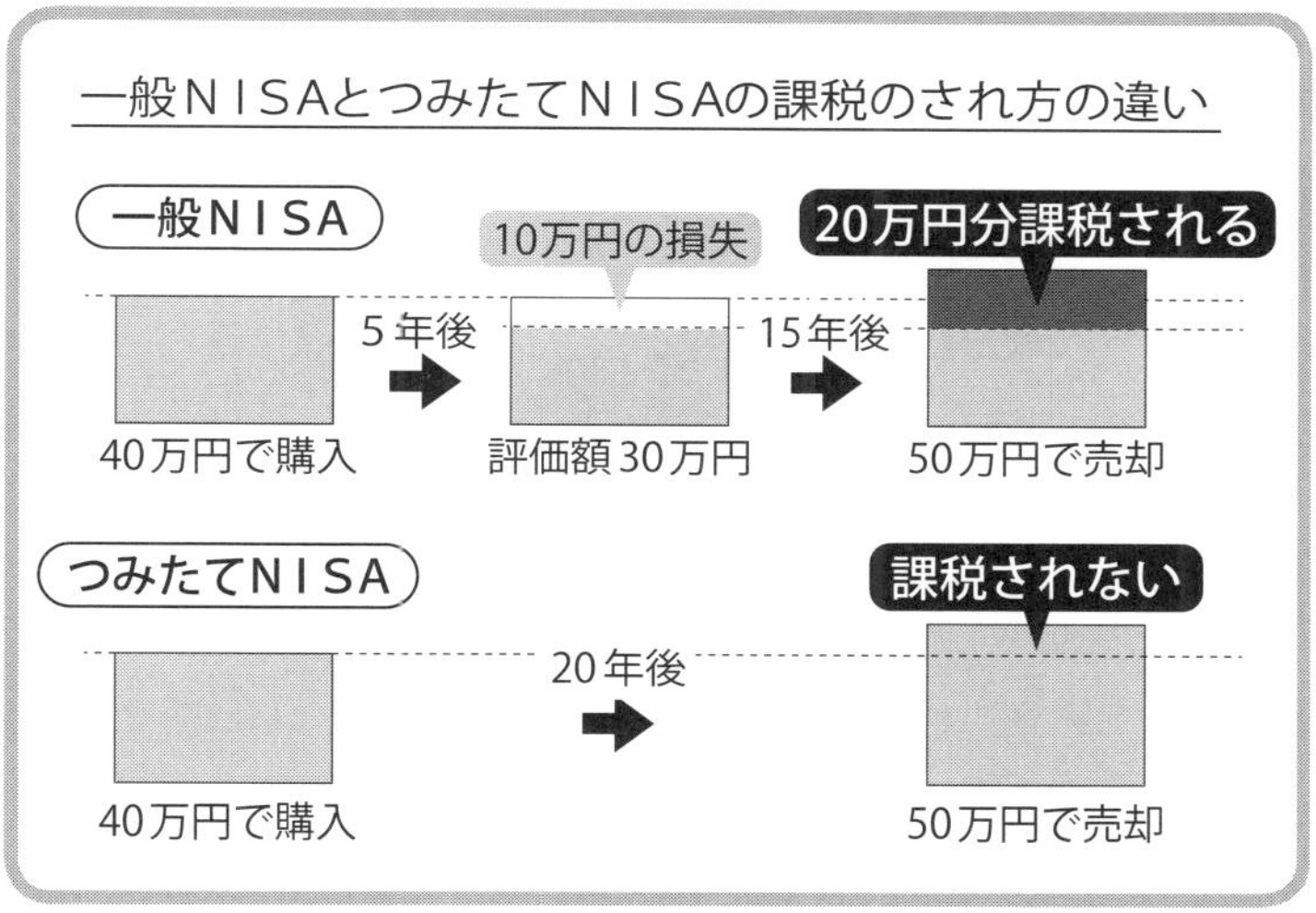

一般ＮＩＳＡでは、途中の５年間で10万円の損をし、残りの15年間で20万円の利益が出たという扱いになります。こうなると、トータルでは10万円しか増えていないのに、20万円分の課税をされてしまうのです。

その点、つみたてＮＩＳＡであれば、利益に対してまったく課税されません。長期間の投資を考えるのであれば、つみたてＮＩＳＡの方が良いということになります。

一方、「最長20年間、コツコツと積み立て続けられる」ということの意義については少し分かりづらいところなので、少し説明をします。

そもそも、投資には景気の影響を受けやすいという弱点があります。どれだけ将来的に有望な商品や資産であっても、政治や国際情勢などによって、一時的に大きく値下がりすることはあります。

とはいえ、値下がりしたときに売却しなければ実際の損失にはなりません。焦って売り急がず、長い目で投資に取り組むことができるのなら、再び値上がりするのを待って、損失を回避することができるのです。

こうなると、基本的な戦略も変わってくるでしょう。つみたてＮＩＳＡは、それを可能にする、**時間を味方にした長期にわたるチャレンジ**なのです。

５年間の投資で利益を出すことは難しいかもしれませんが、20年間もあれば、何とかなりそうな気がしませんか？

「つみたて」とはいえ、20年の間、積み立てた資産を途中で売ってはいけないなどという制限はありません。スタートして1年後に手持ちの資産が大幅に値上がりしていれば、そこで全部売却して利益を確定しても構いません。**かなり自由な売買が可能**です。そして、その利益は**非課税**なのです。

左の表は、一般ＮＩＳＡとつみたてＮＩＳＡを比較したものです。新しくできた

つみたてＮＩＳＡと一般ＮＩＳＡの比較

	つみたてNISA	一般NISA
制度を利用できる人	20歳以上の日本国内居住者等※	
年間投資上限額	40万円	120万
購入方法	積み立て（累積投資契約）のみ	一時購入または積み立て
非課税対象	長期の積み立て・分散投資に適した一定の投資商品	上場株式・公募株式投資信託など
投資可能期間	2037年まで	2023年まで
非課税期間	投資した年から最長20年間	投資した年から最長５年間
運用管理	本人	
金融機関の変更	できる	

※口座を開設する年の１月１日において 20 歳以上の日本国内居住者または国内に恒久的施設を有する非居住者

つみたてＮＩＳＡが、一般ＮＩＳＡに比べて有利になっていることがお分かりいただけるでしょう。

なお、一般ＮＩＳＡは２０２３年までしか使えません。つまり、２０２４年以降も一般ＮＩＳＡと同様の非課税投資をしたいのであれば、選択肢はつみたてＮＩＳＡしかないということになります。

〝今は一般ＮＩＳＡでいいや〟と思っている人でも、結局はつみたてＮＩＳＡを検討せざるをえないときがやってくるのです。

■選択肢はひとつだけ

つみたてＮＩＳＡは、前述したようなメリットがある分、一般ＮＩＳＡに比べると条件がややうるさくなっています。

まず、**運用できるのは投資信託のみ**になります。

投資信託については2章で詳しく述べますが、簡単に言うと、みんなで出し合ったお金を集めて、それを「ファンドマネージャー」というプロが運用するというものです。

その投資信託の中でも、**つみたてＮＩＳＡで選べる投資信託は、ある一定の条件をクリアしたものだけ**になっています。

一定の条件というのは、金融庁が定めたもので、初心者に「業者の勧めるままに商品を買ったら、よく分からないものを買わされて、手数料ばかりかかって結局損をしてしまった」などということが起こらないように工夫されているものです。じつは、過去にこのようなクレームは多かったのです。

それに対して、つみたてＮＩＳＡで選べる投資信託は、**消費者保護のための措置が施されたものに限定されている**と言って良いでしょう。

金融庁の厳しい指導のもと厳選された投資信託の中から、自分に合ったものを選んだり組み合わせたりすることが、私たちがつみたてＮＩＳＡで行う具体的な作業になります。

初心者向けになった

２０１４年に始まった一般ＮＩＳＡは、初心者に普及しませんでした。その原因として、先ほどは非課税運用期間が短いことを挙げましたが、原因はそれだけではありません。

そもそも、制度が初心者向けにはなっていなかったのです。

２０１４年にＮＩＳＡが導入された背景には、全体的な投資に関する税率の引き上げがありました。

２０１３年までは、株式や投資信託の売買による利益に対する税率は約10％でした。それが２０１４年からは約20％と2倍になったため、その緩和措置として「少額の投資だったら税金は払わなくてもいいよ」という仕組みが一部導入されました。それがＮＩＳＡだったのです。

つまり、一般ＮＩＳＡが導入されたときには、「初心者に投資をしてもらおう」

ということより、「既存の投資家が逃げないようにしよう」という意識が強かったものと考えられます。実際、一般NISAで運用をしている人のうち、「初めて投資をした」という人は3割程度しかいませんでした。

既存の投資家を中心に制度が作られたため、初心者に対して数々のハードルを残す結果となってしまったのです。

つみたてNISAでは、それらのハードルは取り除かれています。安心して、初心者でも始めることができます。

そもそも、投資は必要なのか？

とはいえ、こんな疑問を持つ方もいるでしょう。

「**そもそも、投資って必要なの？**　別にしなくてもよくない？」

この疑問に対して、明確に答えを出したいと思います。

◆そもそも、投資は必要なのか？◆

私たちは、過去の事例や自分の経験をもとに物事の判断を行う傾向があります。

まずはそれにならって、過去の事例で考えてみましょう。

すると、「投資は不要」という結論に達するはずです。

親や祖父母の世代の多くは、投資とは無縁のまま家族を養い、老後の生活をそれなりにまかなっているからです。

これまでの自分の経験をもとに考えるとどうでしょう。

やはり、結論としては「投資は不要」となります。今日まで、投資をせずとも特に支障なく暮らしてきたはずですから。


なぜ、これまで私たちの生活に投資が必要なかったのでしょうか?

それは、投資をしなくても勝手に資産や給料が成長してくれたからです。

約30年前のバブル景気の頃、預金の利率はたいへんな高水準で推移していました。元本が保証されている上に、6%以上の利率が約束されていたのです。

6%というのは、100万円の預金を放置し続けるだけで、10年後には約180万円になるという数字です。無理に投資をしなくても、預金は勝手に成長し

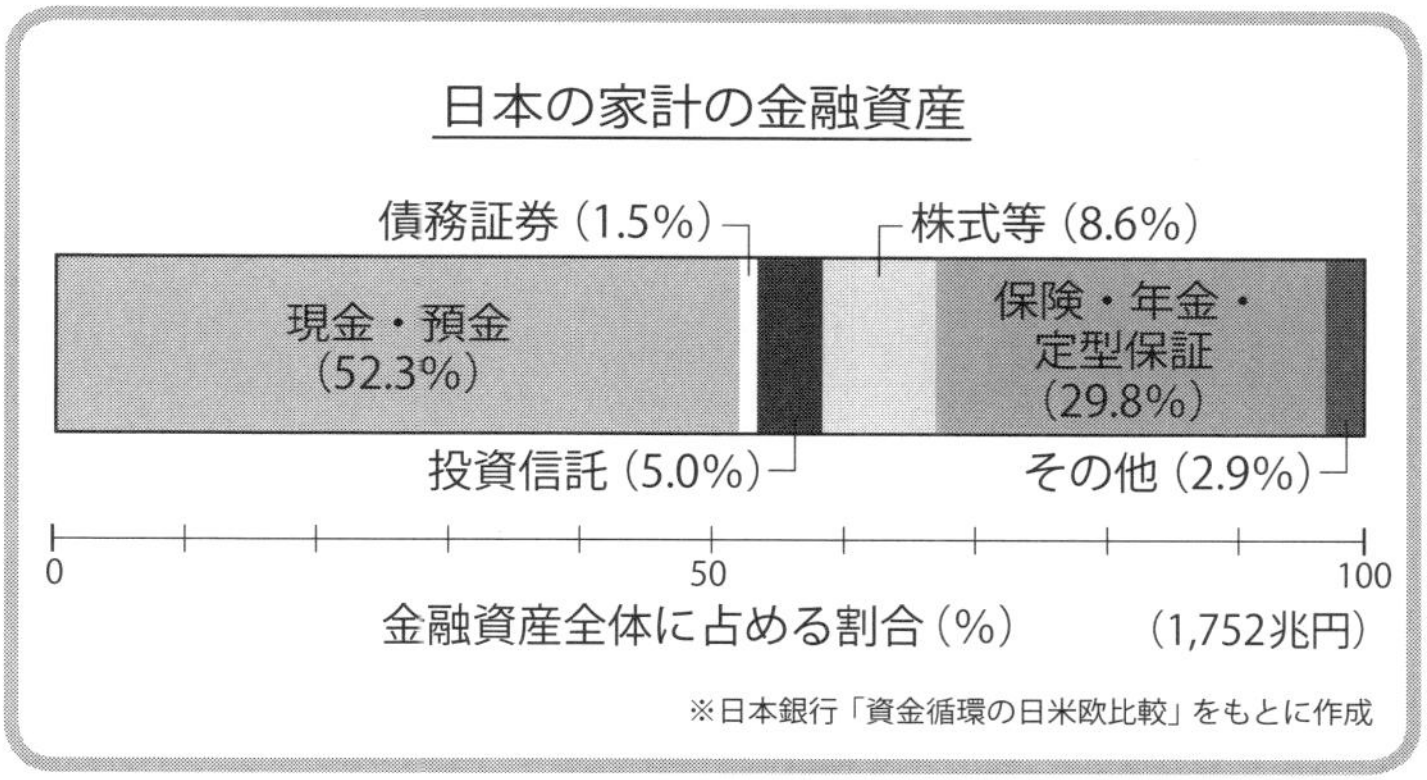

てくれていたのです。

また、日本の経済も成長していたので、毎年給料が増えるのも当たり前でした。リタイア世代が受け取る年金も、物価と連動する形で増えていました。

これまでの私たちの感覚では、預貯金で資産を守りながら増やすというのは、ごく一般的な考えだったと言えるでしょう。

しかし、今後はどうでしょうか。

現在、預金の利率はご存知のように超低金利で推移しています。定期預金でも０・０１％という数字がごく普通に見られます。１００万円預金していても、10年で８００円（税引き後）しか増えません。

給料も、日本経済の低成長によって据え置きになっている企業が数多くあります。今後リタイアする世代が受け取る年金も、かつてのように物価が上がった分増えるということはありません。むしろ実質的には減っていく可能性の方が高くなっています。

誰もがなんとなく感じている通り、**「これからは昔とは違う」**のです。にもかかわらず、親や祖父母と同じように資産を管理して、同じように家族を養い、老後を迎えることができるでしょうか。

かつて投資とは、より裕福な生活を目指し、積極的にリスクをとってお金を増やすという性格のものでした。

しかし、これからはそのような考えでは通用しません。現代においては、**生活を守るために投資が必要となる**のです。

近年、金融庁をはじめとする政府は「貯蓄から投資へ」というスローガンをよく使います。

この言葉には、国民のタンス預金を市場に投入させ、経済を活性化させようという意図があると言われています。

確かにそれもあるでしょう。高齢化が進む社会で、老後に備えて後生大事に預金を持ち続けている人が多くなると、日本経済は尻すぼみになる一方です。国という大きな枠を考えれば、放置できる問題ではありません。

しかし、政府はべつに、悪意をもって国民の預金を剥奪して丸裸にしようとしているわけでもないでしょう。

もしかしたら政府は、警鐘を鳴らしているのかもしれません。今後、投資が「選択肢のひとつ」ではなく「必須のもの」となっていくことを、「貯蓄から投資へ」というスローガンによって間接的に教えてくれているのかもしれません。

これから来るであろう厳しい時代への対策のひとつとして、私たちに少しずつ腕慣らしをするよう、告げているのでしょう。

少し恐い話になってしまいましたが、ただ働いてお金を貯めればいいだけの時代は終わったということはご理解ください。これからは、**「お金にも働いてもらう」**という発想を身につけることが必要なのです。

この「お金にも働いてもらう」ということを行う具体的な方法こそ、投資なのだと言えます。

貯蓄がなくても始められる

「投資が必要なのは分かった。じゃあ、お金が貯まったら始めるよ」

こんな声をよく耳にします。必要なお金は預貯金で確保しておき、さらに余裕資金ができれば投資をしようということでしょう。

しかし、これはお金に対する思考停止です。

私たちがお金を貯めることを、**「目的」**と**「手段」**に分けて考えてみましょう。

まず、「目的」です。

お金を貯める目的は、年齢や生活状況などによって人それぞれでしょうが、普段の生活のためであったり、子どもの教育資金や老後資金だったりするでしょう。具体的な目標金額はあいまいでも、「子どもを大学に行かせるとなると○万円くらいは必要だろうな」というイメージはあるはずです。

このように、お金の「目的」に関しては、ある程度のビジョンができている人が多いようです。

ところが、「手段」に関してはあいまいな方が多いように感じます。どの目的に対しても「とりあえず貯める」と、預貯金一本槍となっている状態です。そのために、「なくなっても困らないような余裕資金でもあれば、投資してみてもいいかな?」というスタンスになるのだと思います。

しかし、これを会社の仕事に例えると、さまざまな仕事を抱えつつも、それらがすべて机の上にバラバラに置いてあるようなものです。

本来であれば、すぐに行う仕事は机の上に置き、後回しでもよい仕事は引き出しにしまい、その他の仕事はファイルに整理するなどの工夫をするはずです。このような工夫をするからこそ、みなさんは着実に良い仕事をこなし続けることができるのです。

お金に関しても同様で、目的ごとに管理の方法は異なってもいいはずです。たとえば、日々の生活費であれば普通預金、家を買うための頭金なら定期預金、老後の生活資金であれば養老保険といった具合です。

これらの手段に共通しているのは、「金融機関がお金を守ってくれる」という点です。預貯金であれば銀行、養老保険であれば保険会社が守ってくれます。その代わり、お金が増えることはほぼ期待できません。

お金を増やす手段としては、少しリスクがあるものの、もっと効率よく増やす方法があります。それが投資です。

なかには、「どうしてもお金が足りなくなったら投資してみよう」と考えている人もいるかもしれません。しかしそうなると、まさに一発勝負のギャンブル的な投資になりかねません。足りなくなる前から投資をしておけば、そんな危険な賭けをしなくても済むのです。

また、お金を貯める上で、預貯金という手段には大きな弱点があることも認識しておきましょう。

それは、「いつでも引き出せる」ということです。

預貯金は、いつ引き出しても元本が減少することはありません。定期預金であっても、せいぜい利率が少し下がる程度です。いつでも引き出せる安心感があるからこそ多くの人が利用しているわけですが、気軽に引き出せるようでは、いつまでたっても資産は貯まりません。


多くの人は、こんな言葉を口にしたことがあるのではないでしょうか。

「お金がない。給料日には確かにあったはずなのに、何故だろう？」


これに対する答えは単純です。「使ったから」です。

お金というのは、あったとしても貯蓄し続けるのは難しいものです。一度は預金したけど、いつの間にか使ってしまったという人も多いでしょう。

そんな人ほど、投資で積み立てることに向いています。

「お金を引き出したいけど、引き出さない方がもっと得をするかも」と考えることができれば、資産を貯め続けるのも難しいことではなくなるはずです。

そこで、つみたてＮＩＳＡのメリットをもう一度思い出してみましょう。そのひとつは「20年の間にいくら利益が出ても非課税」というものでしたね。

たとえば、つみたてＮＩＳＡで40万円分の投資信託を購入し、５年後に50万円になったとします。10万円も利益が出ているので、すぐにでも売って使いたくなるかもしれません。

しかし、そこで売ってしまうと、残り15年間の非課税期間を捨てることになってしまいます。そうなると、きっと皆さんは思うはずです。「もったいない」と。

貯めることにメリットがあるという状況を作り出せば、お金を引き出すことを思いとどまり、貯め続けることができるはずです。

そのために活用できるのが、まさにつみたてＮＩＳＡなのです。

積み立て額についても、無理をする必要はありません。

毎月必ず積み立てなければならないわけではなく、頻度は「毎月」「２ヵ月ごと」「半年ごと」などから選ぶことができます（金融機関によって異なります）。

金額についても、つみたてＮＩＳＡの年間の積立上限額は40万円なので、毎月積み立てた場合でも最大で３万３３３３円です。

もっとも、毎月３万円あまりとなると、今の生活費を圧迫してしまい、長続きしないことが不安視されます。逆に毎月１０００円程度では、大してお金が貯まらないので、やる気が失せてしまうことが懸念されます。

毎月の積み立てをする場合は、**５０００円ずつ積み立てることから始めてみてはどうでしょうか**。

毎月５０００円程度であれば、１ヵ月の新聞代やスマホ代程度の金額ですから、心理的な圧迫感はそれほど大きくないと言えるでしょう。

しかも、毎月５０００円を貯め続けることができれば、年間６万円、10年で60万円となるので、ちょっと贅沢な旅行をしたり、あるいは結婚10年のお祝いで指輪を買うといったことに使えるかもしれません。

加えて、年間６万円、10年で60万円というのは、単純に貯めただけの場合の額なので、投資をするためのつみたてＮＩＳＡでは、それ以上に資産が大きくなることも期待できるのです。

■投資初心者ほどじつは投資上手

じつは、いま現在投資を行っている人は、全員が自分で「投資を始めよう」と思って始めた人というわけではありません。

その代表が、**確定拠出年金**の加入者です。

確定拠出年金は、名前の通り、「年金」に「拠出」するお金を「確定」させて、年金を受け取る本人が運用するというものです。

企業が退職給付制度のひとつとして導入し、従業員に加入させる「企業型」と、個人が自由意志で加入する「個人型」（iDeCo）がありますが、大部分は前者によるものです。つまり、多くの人はある日突然自分の勤める企業から「確定拠出年金に参加したので、今後は自分で年金資金を運用してね」と言われたということです。

こうなると、有無を言わさず投資をさせられることになります。そのようにして投資の世界に足を踏み入れた人が、２０１７年9月末の時点で約６３０万人もいるのです。

今まで企業に任せきりだった大事な退職金を、突然自分の手で運用しなければならなくなったのですから、おそらくとても不安な船出だったことでしょう。

その結果、彼らの運用はどうなったでしょうか。

企業年金連合会の調査によると、平成27年度までの平均利回りは1・7％となっています。

先ほどもふれましたが、近年の定期預金の利率は0・01％程度です。そのなかで、投資の初心者たちが毎年平均1・7％ずつ資産を増やしているのです。

リーマンショックのときには、大きく資産を減らした人もいたでしょう。そのような方々を含めても、それなりの運用成績を残すことができたのです。むしろ、リーマンショック後に確定拠出年金に加入した人より、リーマンショックを味わった人の方が、より長い期間積み立て続けてきたということですから、総額として多くの利益を出しているかもしれません。

「自分は初心者だから」という不安はもっともです。

しかし投資に限っては、慣れたからといって必ずしも有利になるとは限りません。世の中には、カリスマと称されるほど投資の予想を当てることができる人もいますが、そんな人でも一生不敗記録を続けることはおよそ不可能です。慣れているからこそはまってしまう落とし穴というものもあるのです。

その一方で、基本に忠実に投資を行うことで、決して派手ではなくても堅実な運用成績を残す初心者がいます。四苦八苦しつつ投資をしている初心者の方が、プロを自任する人よりも案外上手に運用することができることもあるのです。

必要以上に恐れることはありません。初心者でも自分のお金を増やすことは十分可能です。

みなさんも、本書に書いてある基本をおさえて、着実に資産を成長させていきましょう。

2章

たったひとつの選択肢・投資信託とはどんな制度？

■仕組みを知れば怖くない

1章で述べたように、つみたてNISAで行う投資の選択肢は投資信託のみになります。企業の株や不動産を個別に購入するのとは違います。

もし株式投資を始めるのであれば、やはりある程度の資金や勉強が必要になりますが、投資信託は、自分のお金をプロに託すという方法ですから、自分ですべてを行うよりも比較的ハードルが低いと言えます。

とはいえ、「そもそも投資信託というものが良く分からない」という方もいるでしょう。実際、投資信託という存在が日本に根付いているとは、まだ言い難い状況です。

東京証券取引所の調査（東京証券取引所「ETF市場調査の結果報告書」）によると、約77％の人が「投資信託を知っている」という結果が出ています。これは、見方を変えれば、約2割の人はまだ投資信託を知らないということになります。

なお、投資信託協会の調査によると、「投資信託を購入しない理由」として、次の3つが上位にあがっています。

・そもそも興味がない
・投資の知識がない
・投資信託の仕組みがよく分からない

このうち1番目については、本書を手にとったみなさんはすでにクリアしたと言えます。

あとは「投資の知識」と「投資信託の仕組みを知る」ことができれば、投資信託を購入できるということになりますね。

そこでこの章では、まず株式投資などの投資法についての基本を確認します。そして、つみたてNISAで実際に購入することになる投資信託の仕組みについてもマスターしましょう。

■株式投資とは

「投資」といえばこれというくらい、株式投資は投資の世界の主役です。つみたてＮＩＳＡを始めるということは投資を始めるということなので、やはり株式について理解しておくことは必須と言えます。そこで、まずは株式投資について見ていきましょう。

株式とは、**みんなでお金を出し合って商売を始め、その利益の一部を受け取ることができる権利**のことです。

現在日本にある２００万社以上の株式会社の中で、経営状況等を一定のルールで示している会社に限り、複数ある公的な株式市場で売買されています。このような公的な市場で株式が売買されている会社のことを、「上場企業」と呼びます。

一般的な株式投資とは、これらの上場企業の株式を、市場で売買することを意味します。そして、株式投資の一番の魅力は**成長力**です。

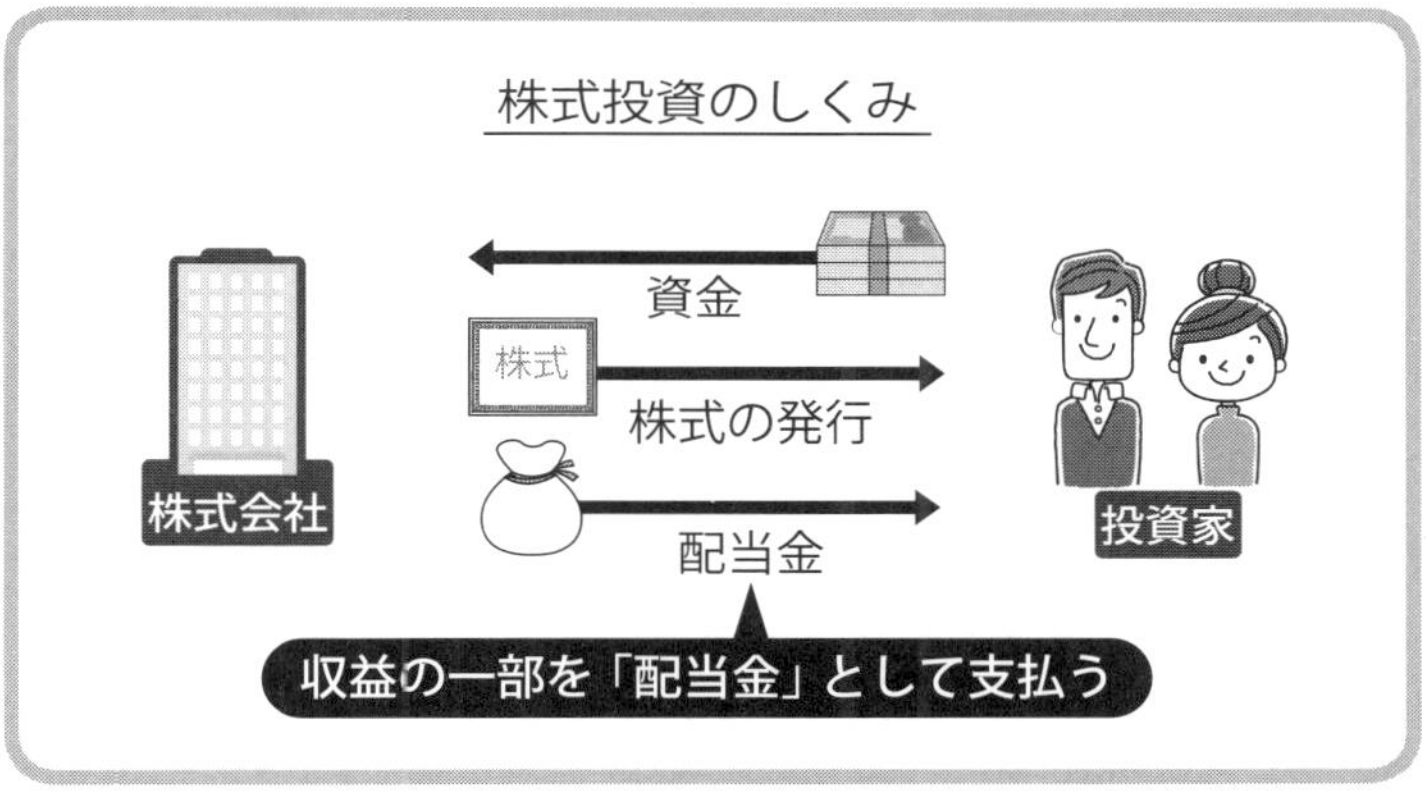

株式を買った会社が利益を上げ、どんどん成長していけば、その株式が欲しいという人がどんどん増え、株価も値上がりしていきます。ということは、成長する会社を見つけることができ、株価が安いうちに買っておけば、その株式を売却することで大きな利益を上げられます。

ただ、株式投資のプロが「この会社は成長する」と予想しても、大きく外れてしまうことがしばしばあります。その会社の経営状況や景気にも大きく影響され、大幅に上下するのが株価です。

そのため、株式投資は**「ハイリスク・ハイリターン」**と考えるのが一般的です。

つみたてＮＩＳＡでは、株式で運用する投資信託を介して投資することになります。

■債券投資とは

「株式」という言葉は耳慣れていても、「債券」はなじみがないという人もいるかもしれませんので、より詳しく説明します。

債券を一言で表すと**「借用証書のようなもの」**ということになります。お金を借りた人が貸してくれた人に対して「あなたからお金を借りました。〇月〇日までにお金を返し、定期的に利息も払います」といったことを証明する書類です。

債券はそれと同じ仕組みを持っています。お金を借りた国や企業がその証拠として発行する（作る）のが債券だからです。国が発行する債券を「国債」、企業が発行する債券を「社債」といいます。

借用証書と債券の違いは**流通性**にあります。借用証書の売買は何かと手間がかかりますが、債券の売買は簡単にできます。そのため、お金を貸した人（債券の保有者）はいつでも誰かにその債券を売却することができます。

よって、自分がお金を貸したときよりも高く売りつけることもできれば、逆に安

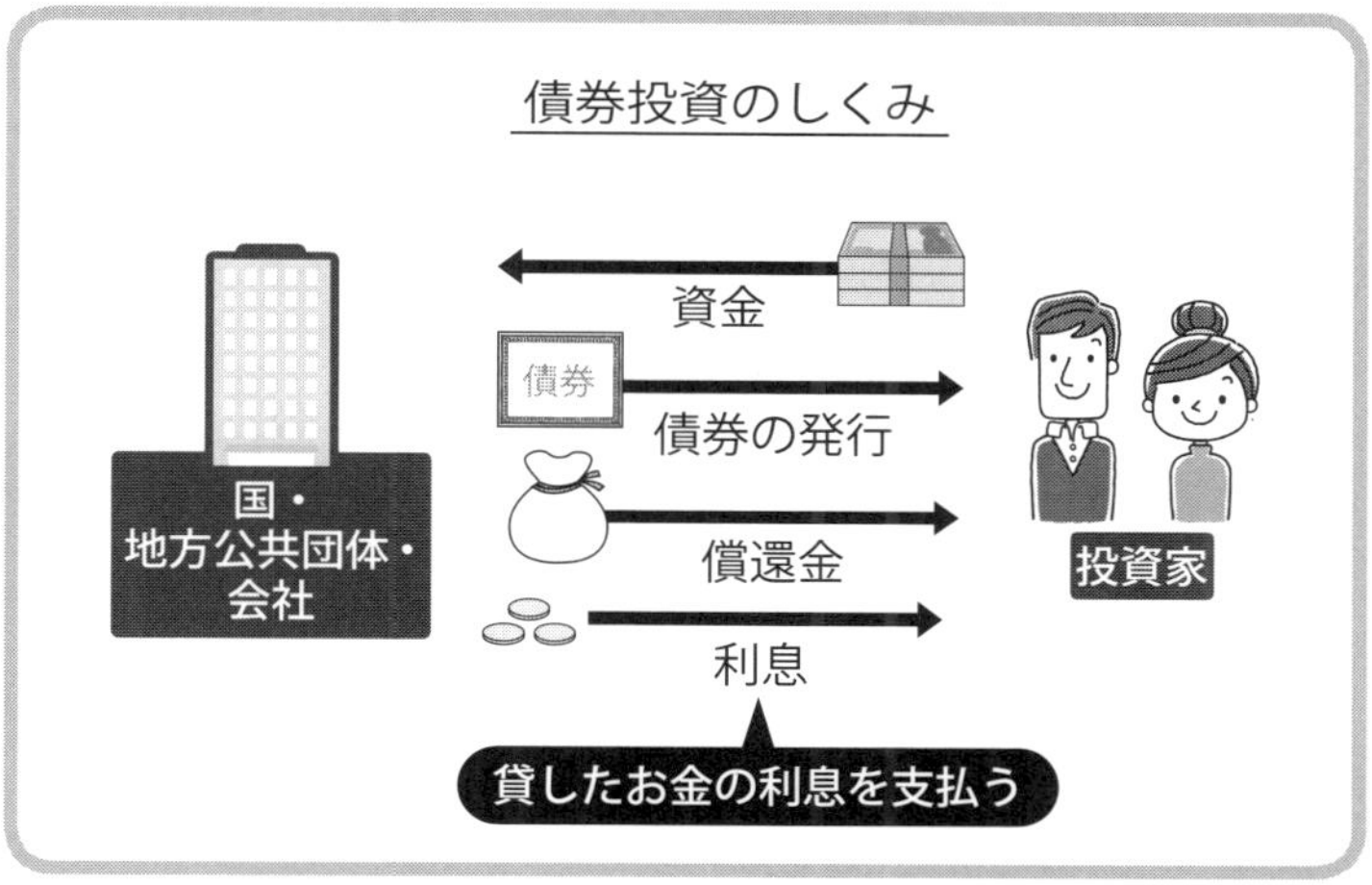

く買い叩かれて損をすることもあります。

もちろん、無理に途中で売らなくても、返済日（債券の場合は「償還日」といいます）が来れば、発行者が貸していたお金を返してくれます（「償還金」といいます）。そのため、株式に比べると価格の変動は小さくなりやすい傾向があります。

では、債券の値段（債券価格）が変動するのはどのようなときでしょうか？

まず考えられるのは、債券の発行体が破たんや倒産しそうなときです。

借用証書の場合で考えてみても、お金を貸している相手が倒産しそうになったら、安くてもいいからその借用証書を売り払いたくなりますよね。

債券でも同様です。

発行体である国や企業の運営状況が危ういと思われると、その債券価格は下がるのが一般的です。以前、ギリシャ経済が不安視されてギリシャ国債の価格が暴落しましたが、まさに債券価格が値下がりするケースの典型です。

逆に、破たん・倒産すると不安視されていた発行体が運営を持ち直すと、債券価格が上がることになります。

よって、債券を売買する場合は、発行体が破たんや倒産する可能性を確認することがとても重要になります。そのため、「ちゃんとお金を返してくれそうかどうか」の安全性を端的に表す「格付け」も発表されています。

この他に、債券価格が変動する要因として挙げられるのが「金利」です。利率とも言いますが、一般的に「1年あたりに支払われる利息の割合」を示します。

債券は世の中の金利動向の影響を受けて価格が変動します。そのため、金利が上昇すると債券価格は下がり、金利が低下すると債券価格は上がりやすい傾向があります。加えて、景気が良くなると金利が上がりやすく、景気が悪くなると金利は下がりやすいと言われます。合わせて考えると、景気が良くなれば債券価格は下がり、景気が悪くなれば債券価格は上がりやすいという関係になります。

今後、日本経済が本格的に立ち直ってくると、金利が上がる場面がより多く見られるようになるかもしれません。

いずれにしても、景気は株式だけではなく債券にも影響を及ぼすことを覚えておいてください。

■投資信託の仕組み

それでは、ここまでの内容をふまえたうえで、「投資信託」について説明します。

投資信託とは、23ページでも書いたように、**みんなのお金を集めて、いっしょに株式や債券などで運用する仕組み**です。

一人で株式投資を始めようとすると、どうなるでしょうか。資金は当然自己資金のみ、情報収集から実際の売買の手続きまでをすべて一人で行うことになります。

おそらく、満足できる結果にはなりにくいでしょう。たとえ自己資金が100万円あったとしても、株式を1株単位で買うということはあまりないため、名前を聞いたことのある大企業の株式であれば、せいぜい数種類を少し購入できるくらいでしょう。

もちろん、それが悪いと言っているわけではありません。とはいえ、やはり個人でできることには限界があります。

その点、みんなのお金を少しずつでも集めれば、数千万円、数億円という額になります。そうなると、できることは格段に増えます。何百社、何千社もの株式を購入することも可能になります。

そして、株式の種類を増やせば、万が一そのうちの1社が倒産したときのリスクを小さくすることができます。一人では心細いけれど、たくさんの人が集まることによって、より頑丈な体制を整えることができるのです。

このような、規模が大きいことで強みが大きくなることを**スケールメリット**といいます。

ちなみに、株式の「株」の語源は木の切り株だと言われています。

切り株はいつまでも土地に残っているので、残り続ける資産としての意味があるという意味です。また、「式」には「ひとそろい」という意味があるので、「株式」は、「引き続き残り続けるひとそろいの資産」という意味の言葉となります。投資の基礎ともいえる株式の仕組みそのものも、スケールメリットを活用しているのですね。

投資において、規模を大きくするというのは大きな意義のあることだと言えるでしょう。

ただ、「みんなのお金を集めるのはいいけど、そのお金は誰が管理するの？　管理している人がお金を持ち逃げしてしまうんじゃない？」という懸念が出てきます。

でも、投資信託ではそんな心配は無用です。投資信託は「信託法」という法律のもとで運用されており、関係者や企業が持ち逃げすることができない仕組みになっています。

実際にお金を預かるのは「信託銀行」という機関で、その信託銀行もお金を持ち逃げすることはできません。そのため、投資信託では、詐欺に遭うということは起こりえないのです。

しばしば投資詐欺の事件がニュースを賑わせることがありますが、それは投資信託ではなく、別の金融商品の話です。未公開株や私募債などのように、〝あなただけに教えてあげる〟と特別感を漂わせてお金を非公式でやりとりし、その結果、詐欺に遭うというものです。公に募集をしている投資信託とは別ものなのです。

■投資信託は効率の良い投資法

株式投資の場合は、利益を生み出しそうな企業を見つけて投資しなければ利益は出ません。万が一株式を購入した企業が倒産してしまうと、大きく損をしてしまい

投資信託のしくみ

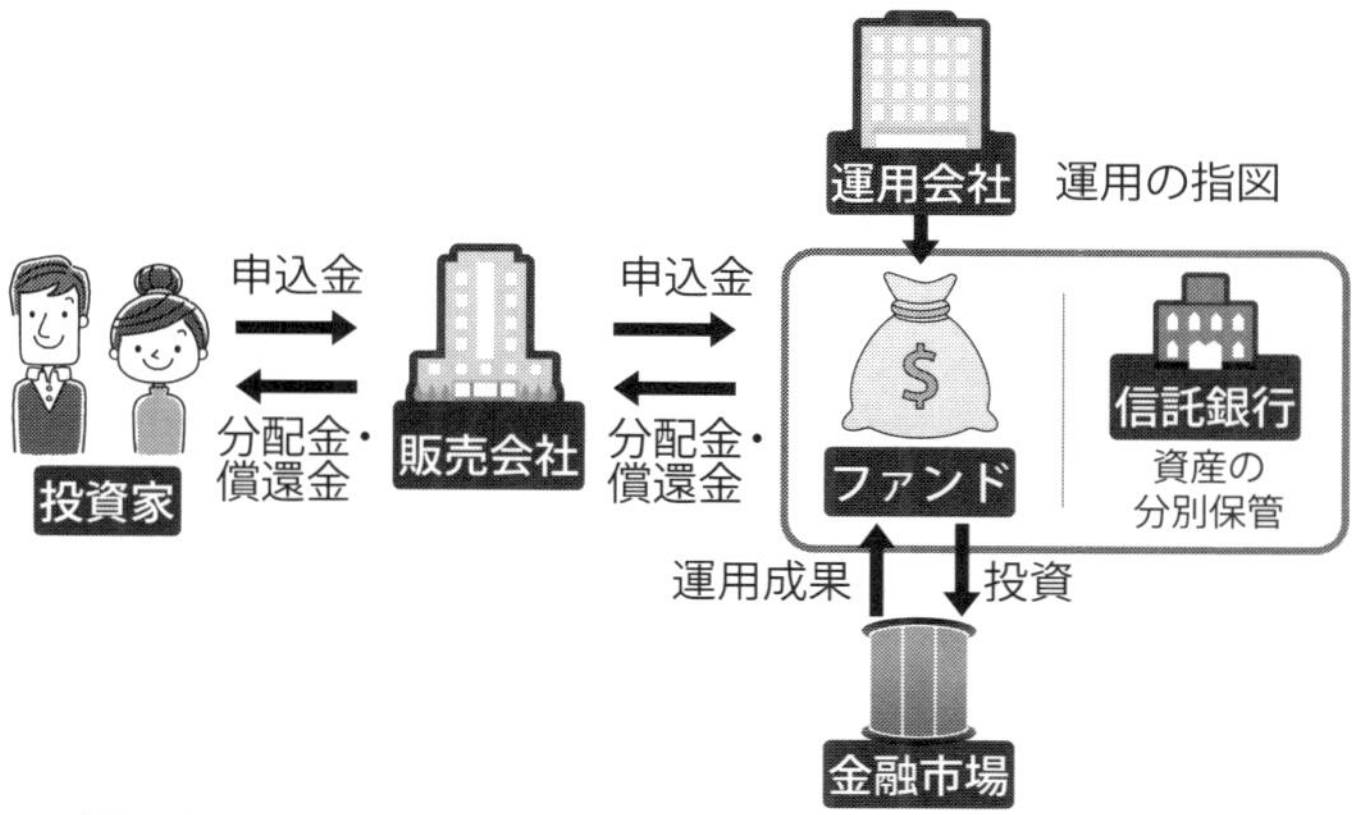

※一般社団法人投資信託協会（https://www.toushin.or.jp/investmenttrust/about/scheme/）を参考に作成

ます。

また債券投資では、預けたお金を確実に返してくれる国や企業を見つける必要がありますが、そういったところは利回りが低くなってしまいます。逆に、利回りが高いような国や企業は破たんや倒産の可能性が高くなります。

後に述べる不動産投資においても、物件選びは簡単ではありません。せっかく購入した物件にテナントが入らず、家賃収入がゼロとなってしまう怖れもあります。家賃を取りに行くのも面倒です。

このように、みずから個別に投

資を行うのは、何かと面倒なのが現実です。

そのような作業をまとめて専門家が行ってくれるのが投資信託なのです。投資信託であれば、「国内の株式」「外国の債券」といった大まかな資産を指定するだけで、あとの細かい作業をお任せできるようになっています。もっとも賢くお手軽な投資の仕組みとも言えるでしょう。


なお、投資信託には様々な投資家からお金が集まってくるので、多額のお金を出す人もいれば、少ししかお金を出さない人もいます。

このお金を出している割合は「口数」によって示されます。

通常、投資信託は1口1円の価格でスタートしますが、これでは単位が小さすぎるので、1万口あたりで価格が表示されます。これを**「基準価額」**といい、投資信託の運用によって利益が出ると基準価額が値上がりし、逆に損をすると値下がりすることになります。

そのため、投資信託の購入時に比べて基準価額が値上がりしたときに売却（解約）すれば利益が出て、値下がりしたときに売却すれば損をするという仕組みになります。

■「分配金」も受け取れる

前項で書いたように、投資信託を買ったときよりも基準価額が高いときに売却すれば利益を出すことができます。

加えて、その投資信託の運用成績が良ければ、**「分配金」**を受け取ることもできます。

分配金とは、投資信託の資産の一部を投資家に分けるものです。

投資信託は、みんなで株式や債券を運用する仕組みですが、その運用によって利益が出ると、投資信託内の資産が増えます。投資信託は一定期間（決算期間）ごとに資産の大きさを確認し、その利益の一部を投資家に分けるようにしているのです。なかには、毎月のように分配金が出る投資信託もあります（「毎月分配型」といいます）。

ただし、運用がうまくいかないと投資信託の資産は減り、投資家が損をしている状態となります。

当然、投資家としては「今、自分が持っている投資信託はどれくらいの資産があるのか？」が気になりますが、これは前述した「基準価額」で確認することができます。新聞やインターネットで確認できるようになっているので、いつでも手軽に自分の資産状況を把握できます。

■上場している投資信託「ＥＴＦ」

投資信託は、みんなでお金を出し合った資産で運用するもので、投資信託内にある資産の価値によって「基準価額」が決まり、その価格に沿って、購入・解約・買い取りなどの取引が行われます。

取引の際に請求を行うのは、一般的にはその投資信託を扱っている銀行や証券会社になりますが、一部の投資信託は、その権利を証券取引所で購入・売却することができるようになっています。

それがＥＴＦ（上場投資信託）です。

ＥＴＦが一般的な投資信託と異なるのは、「時価」で売買されるという点です。証券取引所でお互いに合意した価格で取引されるため、基準価額よりも高い、あるいは低い価格で取引されるケースがあります。

つみたてＮＩＳＡでは、このＥＴＦで運用される投資信託も利用することができます。具体的な商品名については１５２ページをご覧ください。

■不動産に投資できる投資信託「ＲＥＩＴ《リート》」

不動産は、目に見えて分かりやすい富の象徴です。

第45代アメリカ大統領のドナルド・トランプは、「不動産王」と呼ばれるほど、不動産によって資産を増やした人物です。ニューヨークの五番街にそびえ立つトランプタワーのような大きな建物を所有することは、まさにお金持ちの象徴とも言えるでしょう。

お金持ちは、なぜ不動産を持とうとするのでしょうか？

その理由としては、

①目に見える資産であること

②家賃収入が安定して得られること

が挙げられます。

不動産のことを英語では「Real Estate」と言います。「Real」には「本当の」「実在する」という意味があり、「Estate」には「財産」という意味があるので、「実在する財産＝不動産」と理解することができます。

いまや電子化されて触れることができない株式や債券などよりも明確な資産として所有できる点に、不動産の魅力があるのかもしれません。

加えて、テナントが入れば、定期的に家賃という安定収入を得ることができます。

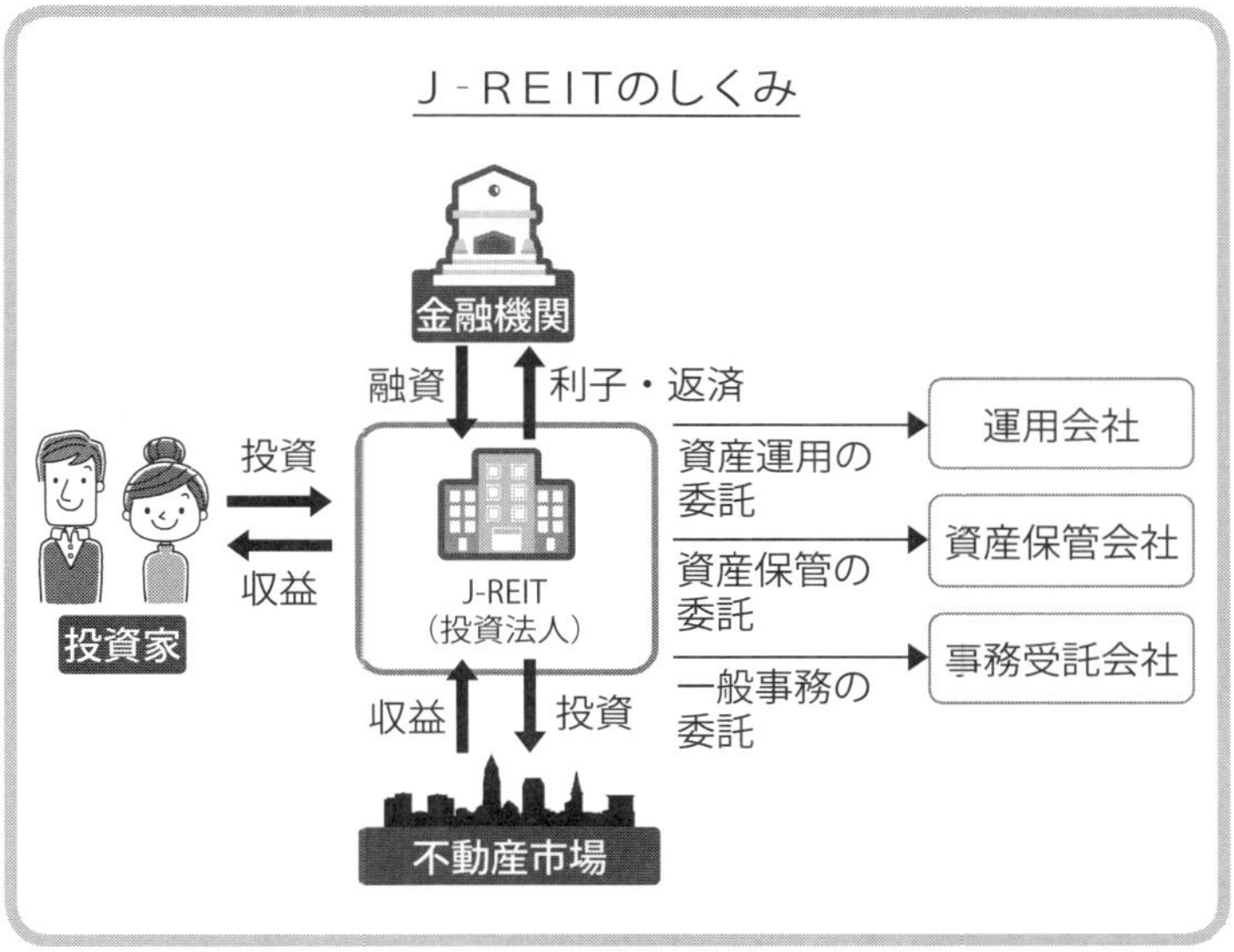

しかもその額は、株式投資で受け取ることができる配当金や、債券投資で受け取ることができる利息よりも多くなるのが一般的です。

ただし、ビルやマンションを一棟持つためには、多額の資金が必要となります。

トランプ大統領ほどでなくても、もともとかなりのお金を持っている人でなければ、不動産投資に手が出せないというのが一般の認識でしょう。そしてそれは真実でもあります。

そこで考え出されたのが、「みんなでビルを買って利益を分け合おう」という発想です。つまり、共同で大家さんになろうという考え方です。

この考え方は前述した投資信託と同じで、スケールメリットを利用した不動産投資と言えます。

一人では難しかった不動産投資も、みんなで力を合わせることによって実現可能となります。

お金を出し合って1棟あるいは複数の物件を買い、それぞれが出したお金に応じて家賃収入を受け取る大家としての権利を持つことになるのです。

そして、大家としての権利を自由に売買することができるようにと生まれたのが「**REIT**《リート》（Real Estate Investment Trust）」、不動産投資信託です。

日本国内のＲＥＩＴに関しては、「Ｊａｐａｎ」のＪを頭につけて、「Ｊ−ＲＥＩＴ」と呼びます。Ｊ−ＲＥＩＴはＥＴＦと同じように日本の証券取引所で売買されているので、証券会社を通じて購入することができます。

つみたてＮＩＳＡでは、ＲＥＩＴが組み込まれた投資信託を売買することで、間接的に投資することになります。具体的な商品名は120ページに記しています。

なお、４章で詳しく書きますが、平成29年12月末時点では、つみたてＮＩＳＡでＲＥＩＴのみ、債券のみで運用する投資信託を購入することはできません。

もし、ＲＥＩＴや債券のみで運用する投資信託を選びたいのであれば、バランス型（１０５ページ参照）の投資信託で、ＲＥＩＴや債券を組み入れて運用している商品を利用するか、一般ＮＩＳＡ等の他の制度を利用するかということになります。

それぞれの資産の特徴を知って、上手に投資信託を選んでいきましょう。

3章

初心者だからできる堅実な投資法

■初めての投資は怖くて当たり前

ここまで何度か書いたように、つみたてNISAでは、投資信託しか選択肢はありません。

メリットの多い投資法ではありますが、投資信託は間接的に株式や債券へ投資をする仕組みなので、「投資」であることに変わりはありません。

つまり、つみたてNISAを始めるということは、まさに投資を始めることに他なりません。初心者にとっては、未知の世界へ足を踏み入れることになります。

「投資は怖い」

そう感じるのは当たり前です。怖いと感じない方が危ないと言っても過言ではありません。いわば投資のプロたちの中へ素人が飛び込んでいくことになるのですから、二の足を踏むのも仕方ありません。「NISAの口座を開いたけど、結局何も購入しないままだ」という人もいます。

ただ、急いで投資信託を選ぶ必要はありません。時間をかけてゆっくり考えてからスタートしてもまったく問題ないのですから、余裕を持ってじっくり検討してみましょう。

■投資を格闘技に例えると……

投資を前にしたとき、誰もが一度はこう考えるのではないでしょうか。

「どうすれば儲かるのかな？」

投資をする以上は、やはりお金を増やしたいですよね。そうなると、やはり儲けることを第一に考えてしまいます。

しかし、これを柔道に置き換えてみるとどうなるでしょう。「どんなふうに相手を投げよう」と考えることに等しいと思いませんか？

冷静に考えると、ずいぶん欲ばった発想のように思われます。今日初めて柔道の練習にやってきた人が、手首や足首を回しながら、柔道の有段者たちを相手に投げることをイメージしているのです。違和感を覚えますよね。

初心者が「投げる」なんて到底無理な話です。

普通の感覚であれば、「どうすればケガをせずに帰ることができるだろう」と考えるはずです。つまり、投資の初心者がいきなり儲けることを考えるというのは、柔道の初心者がいきなり相手を投げ飛ばすことを考えるくらい誤った発想なのです。

そんな発想を引きずってＮＩＳＡ口座を開くと、「やっぱりオレには投資なんて無理だ」と諦めてしまうことになってしまいます。実際、果敢に投資のプロへ勝負を挑み、大ケガをしてしまったような人もたくさんいます。

投資は格闘技のように、なめてかかれるものではない。だからこそ**攻める前に「守ること」から始めることが大切**なのです。

一般的には、柔道の初心者はまず「受け身」から習いますよね。投資でも同様です。「どうすれば儲かるか」を考える前に「どうすれば資産を守ることができるか」を考えるべきなのです。

この順序があべこべだったがゆえに、投資が普及してこなかったとも言えるでしょう。投資もいわば、資産の護身術のひとつなのですから。

■初心者には守ることを目指した【受け身】の投資が良い

ところで、柔道の受け身にもいくつかあるのをご存知でしょうか？　後ろ受け身や横受け身、背負い投げ等に備えた前回り受け身というのもあります。身を守るためにも様々な種類の方法があるのです。

投資も同様です。お金を守るためにはいくつかの方法があり、それらを身につけておくことは、投資の基本としてとても大切です。

この基本をおろそかにした人たちが過去に大けがを負ったのであり、基本をしっかりと守った人は、約25年前のバブル崩壊や、2008年のリーマンショックに遭遇しても資産を守り続けることに成功しています。

それでは、**投資における基本の受け身**とはどのようなものでしょうか。

投資でおさえておくべき受け身は、たったの3つです。

しかも、柔道の受け身のように反復練習しなくても身につけることができるほどお手軽です。知るだけですぐに使いこなすことができるのですから。

ここからは、その「基本の受け身」を紹介していきます。

■資産を守るための受け身の【積み立て】

じつは、**「つみたてNISA」は特に意識しなくても、自動的に受け身になるよ**

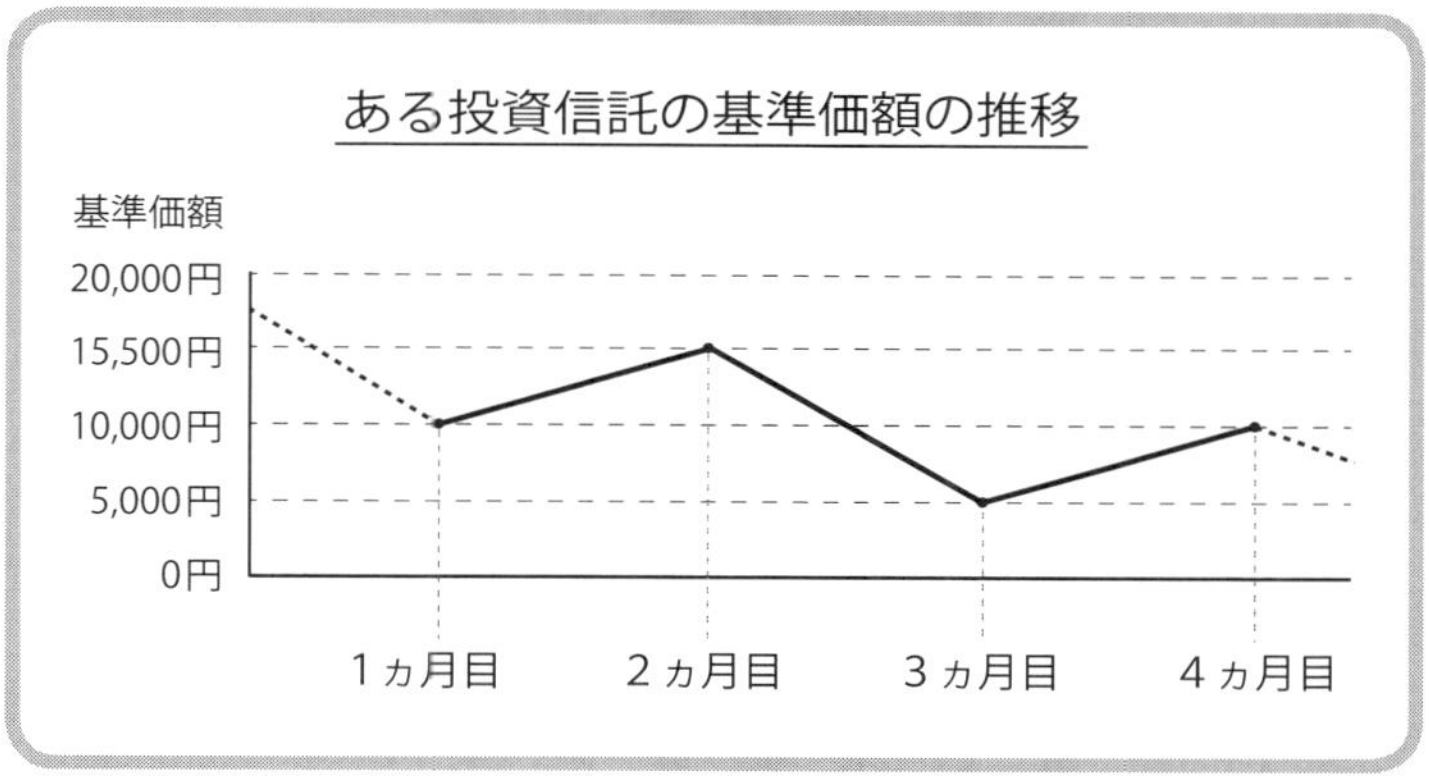

うに作られています。

つみたてＮＩＳＡでは、「１００万円で一発勝負をしかける」といったことができません。名前の通り、積み立てることが条件になっているからです。

ここでは、積み立てることのメリットを具体的に確認しておきたいと思います。積み立てというと「なんだか地味だな」と思うかもしれませんが、積み立てによるメリットは、とても大きいのです。

上の図のケースで考えてみましょう。

２章でも説明しましたが、投資信託には時価の変動があり、この時価に相当するものを「基準価額」と呼んでいます。

この投資信託は、4ヵ月間で値上がりと値下がりを繰り返し、結果として元に戻っています。

もし、1ヵ月目に4万円分購入して2ヵ月目にすべて売却すれば、資産は1・5倍に増えていたことでしょう。でも実際には、そんなにタイミングよく運用することは難しいでしょう。3ヵ月目に半値で売却する羽目に陥る人もいるはずです。購入したときの価格に戻った4ヵ月目に売れれば御の字といったところではないでしょうか。

ここで、もし左の図のように、4万円分の購入を1万円ずつ4ヵ月に分けていたらどうなったでしょう。

4ヶ月間の基準価額の平均は1万円であるにも関わらず、購入した投資信託の平均単価は8572円です。つまり、平均よりも安く買っていたことになります。これにより、基準価額が元に戻っただけなのに、4万円の投資で6666円も資産が増えています。

毎月一定額分を購入し続けたことで、自然に「価格が高い月には大量に買わない」

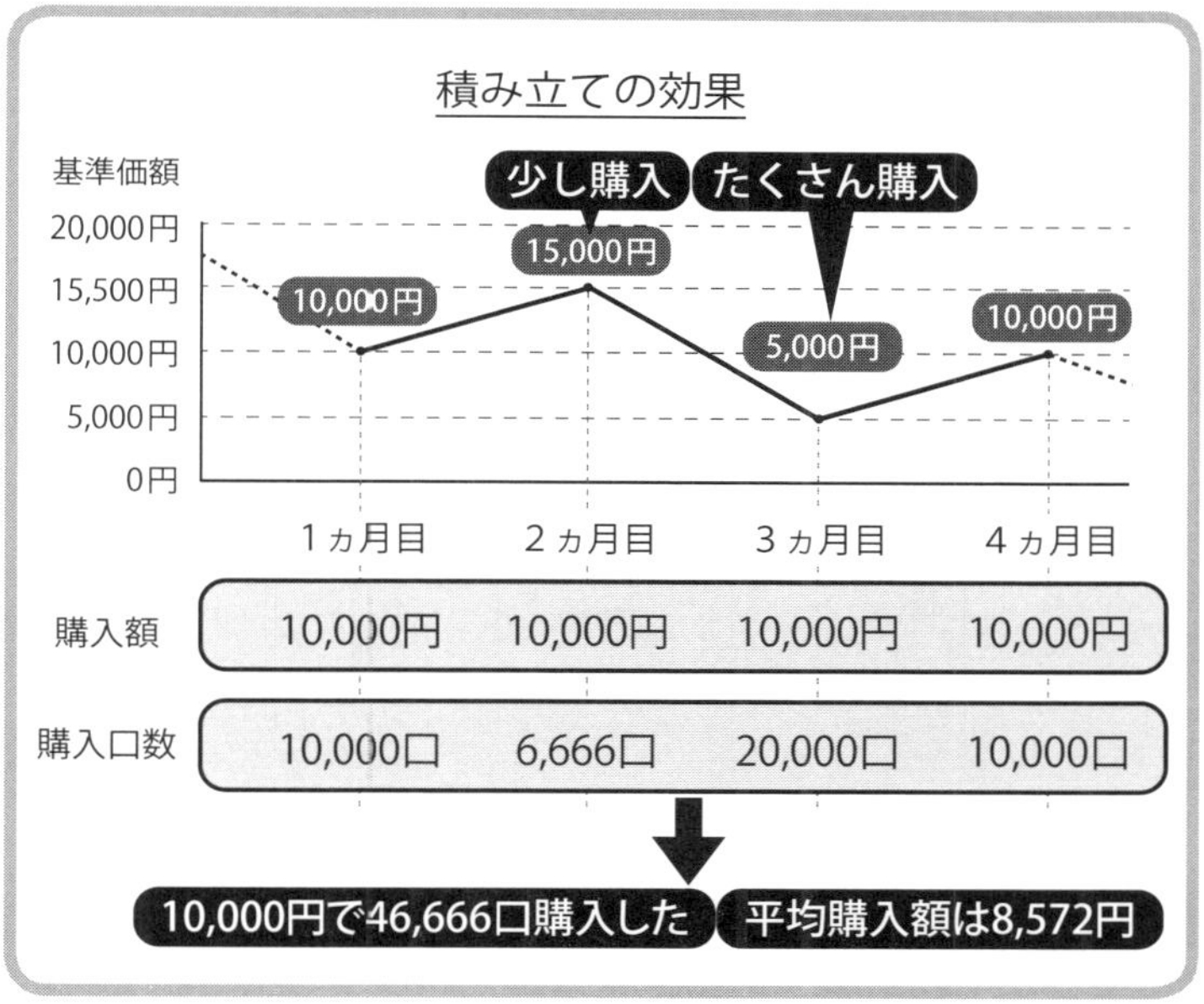

「価格が安い月には多めに買う」という上手な買い物をしたことになるのです。

この方法は、「ドル・コスト平均法」と呼ばれている、投資の基本的なテクニックのひとつです。

積み立てるというと、ただコツコツとお金を貯めるというイメージしかなかったかもしれません。

しかし、**機械的に同じ金額分、同じ商品を購入し続けるだけで、上手な投資を行える**のです。

ある投資信託の基準価額の推移②

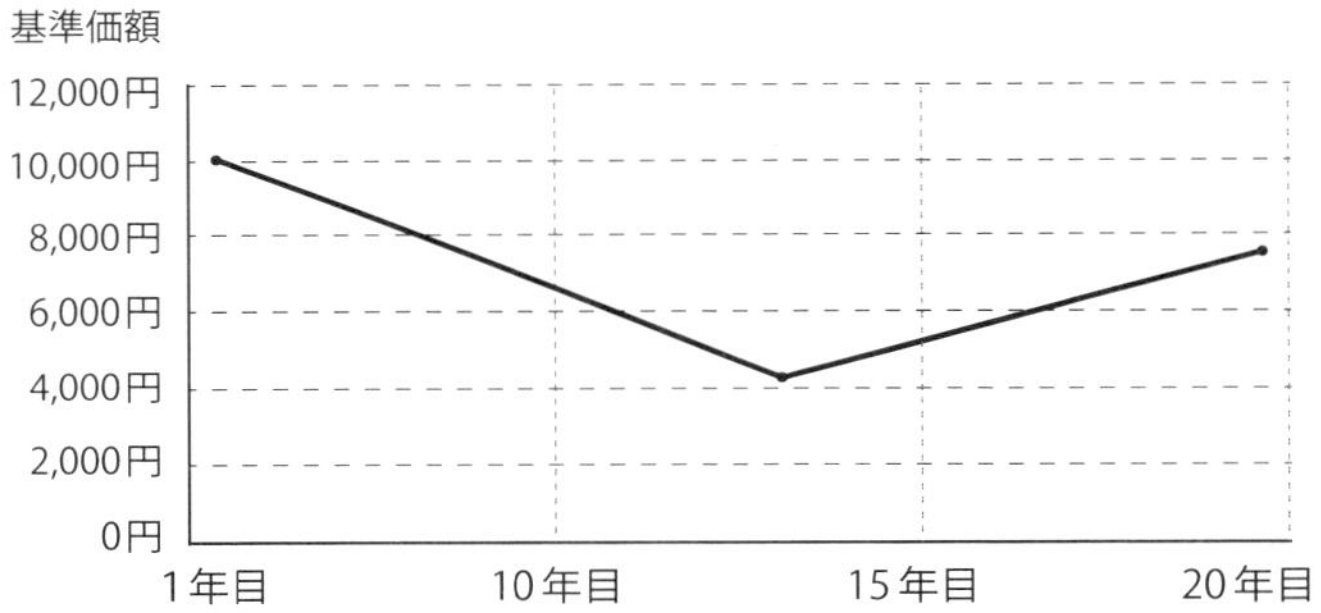

ここまで読んで、「これはたまたまうまくいったケースなのでは？」「通常はこんなふうにはいかないだろう」と思う方もいるでしょう。

そこで、積み立ての有効性を実感していただくために、もうひとつのケースを見てみましょう。

上の図は、20年間のうち13年間、値下がりし続けた投資信託の基準価額の図です。なんとか７５００円まで戻したものの、初年度に比べると、25％も値下がりしたままです。もし初年度に２４０万円分を一気に購入していたとしたら、20年後には60万円も損をしていたことになります。

この投資信託を、20年（240ヵ月）の間、毎月1万円ずつコツコツと積み立てていった場合を考えてみましょう。

このとき、20年後の資産額は次のうちのどれになるでしょうか？

A　約200万円
B　約230万円
C　約260万円
D　約290万円

「半分とまではいかなくても、損をしているだろうな」と考える人はAやBを選んだでしょう。Cのように「もしかすると、ちょっと儲かったかもしれない」と考える人はCになるでしょう。

Dのように、50万円近くも儲かったということなどありえるのでしょうか？

実は、そのまさかのDが正解なのです。

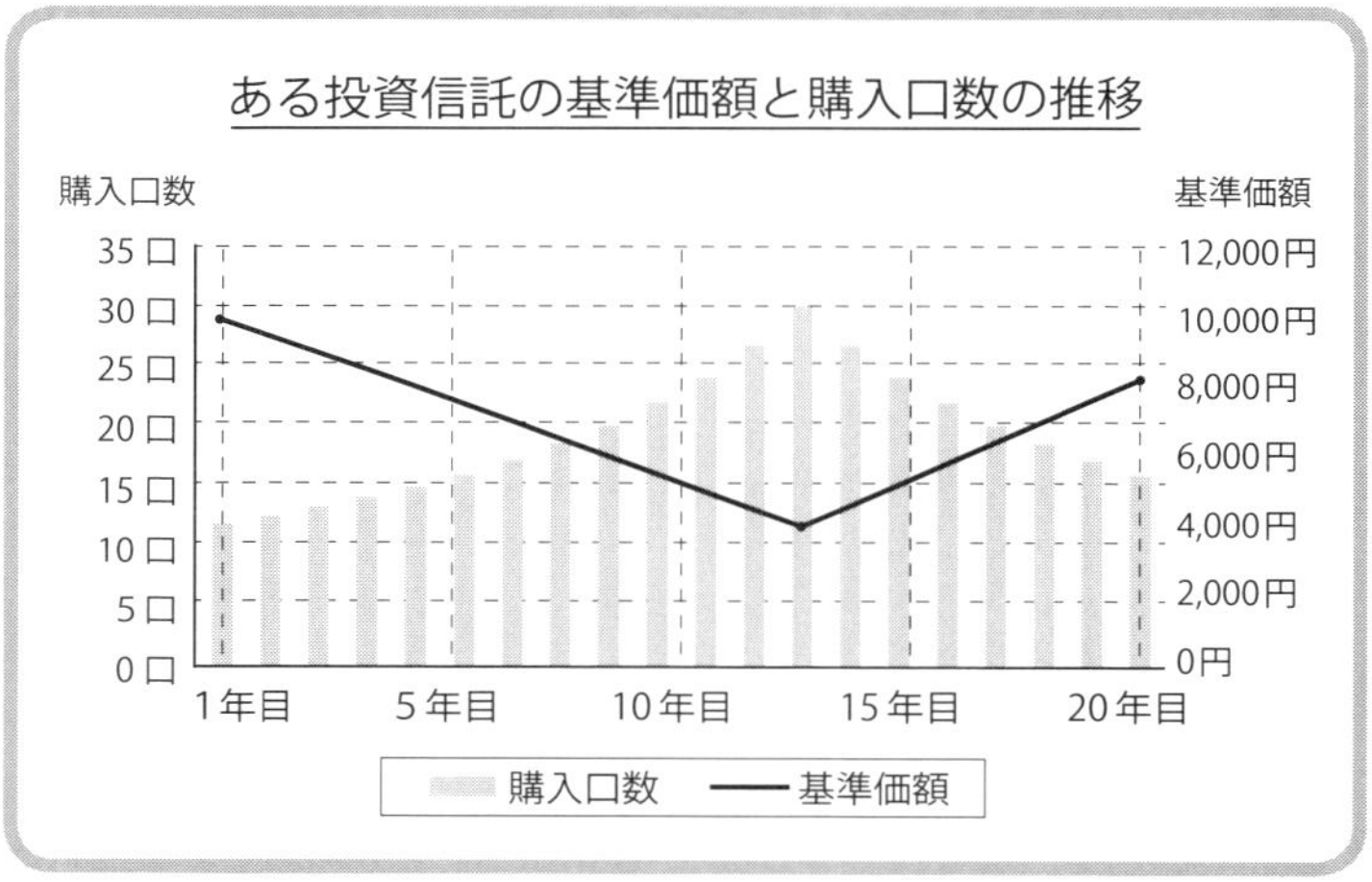

基準価額が下がり続けたことで、購入する量は格段に増えました（上図参照）。

価格が安いときに多くの量を購入できたことで、その後の価格回復の効果をしっかりと得ることができたのです。

左ページの表は、70ページの表の投資信託を20年間買い続けた場合の詳細ですが、数値をよく確認すると、当初より30％以上も基準価額が低くなっている18年目でも、損益としては黒字転換していることが分かります。

投資を始めると、誰もが「安いときに買いたい」と、購入のタイミングを計ってしまうものです。しかし、実際は特にタイミングを見計らう必要はありません。

年数	1年目	2年目	3年目	4年目	5年目
基準価額	10,000円	9,500円	9,000円	8,500円	8,000円
購入金額	120,000円	120,000円	120,000円	120,000円	120,000円
購入口数	120,000口	126,316口	133,333口	141,176口	150,000口
投資総額	120,000円	240,000円	360,000円	480,000円	600,000円
所有口数	120,000口	246,316口	379,649口	520,826口	670,826口
資産評価額	120,000円	234,000円	341,684円	442,702円	536,660円
損益	0円	-6,000円	-18,316円	-37,298円	-63,340円

年数	6年目	7年目	8年目	9年目	10年目
基準価額	7,500円	7,000円	6,500円	6,000円	5,500円
購入金額	120,000円	120,000円	120,000円	120,000円	120,000円
購入口数	160,000口	171,429口	184,615口	200,000口	218,182口
投資総額	720,000円	840,000円	960,000円	1,080,000円	1,200,000円
所有口数	830,826口	1,002,254口	1,186,870口	1,386,870口	1,605,051口
資産評価額	623,119円	701,578円	771,465円	832,122円	882,778円
損益	-96,881円	-138,422円	-188,535円	-247,878円	-317,222円

年数	11年目	12年目	13年目	14年目	15年目
基準価額	5,000円	4,500円	4,000円	4,500円	5,000円
購入金額	120,000円	120,000円	120,000円	120,000円	120,000円
購入口数	240,000口	266,667口	300,000口	266,667口	240,000口
投資総額	1,320,000円	1,440,000円	1,560,000円	1,680,000円	1,800,000円
所有口数	1,845,051口	2,111,718口	2,411,718口	2,678,385口	2,918,385口
資産評価額	922,526円	950,273円	964,687円	1,205,273円	1,459,192円
損益	-397,474円	-489,727円	-595,313円	-474,727円	-340,808円

年数	16年目	17年目	18年目	19年目	20年目
基準価額	5,500円	6,000円	6,500円	7,000円	7,500円
購入金額	120,000円	120,000円	120,000円	120,000円	120,000円
購入口数	218,182口	200,000口	184,615口	171,429口	160,000口
投資総額	1,920,000円	2,040,000円	2,160,000円	2,280,000円	2,400,000円
所有口数	3,136,567口	3,336,567口	3,521,182口	3,692,610口	3,852,610口
資産評価額	1,725,112円	2,001,940円	2,288,768円	2,584,827円	2,889,458円
損益	-194,888円	-38,060円	128,768円	304,827円	489,458円

国内株式　国内債券　外国株式　外国債券　元本確保型　5資産均等

2010	2011	2012	2013	2014	2015	2016
2.9	4.2	29.0	30.7	30.3	5.2	17.0
1.6	2.7	23.5	18.3	25.3	0.2	14.5
0.3	1.3	17.5	14.8	14.2	-3.6	5.1
2.2	0.4	14.7	12.9	12.6	-3.8	0.1
-6.5	0.2	3.5	0.4	2.8	-9.8	-1.3
-9.5	-1.2	0.1	0.2	0.2	-11.0	-4.9

（単位は%）

積み立てを始めてしまえば、自然に上手なタイミングで購入できてしまうのです。

積み立てという受け身の方法には、このようなメリットがあるのです。

資産を守るための受け身の【分散投資】

さて、コツコツと積み立て

基本的な投資対象の1年あたりの収益率

最高リターン ↑ ↓ 最低リターン

	2004	2005	2006	2007	2008	2009
1位	8.1	47.5	16.8	3.2	1.2	48.8
2位	6.1	27.4	10.0	0.8	0.7	28.4
3位	3.7	16.1	5.9	0.3	-8.7	15.8
4位	3.3	7.4	1.8	-8.2	-17.4	1.7
5位	0.9	0.3	0.8	-16.9	-34.9	0.5
6位	0.1	-1.9	0.0	-28.1	-45.2	-0.3

ることの有効性は分かっていただけたと思います。

とはいえ、何を買えば良いのか分からなければ、投資を始めることができません。

そんなときは、**「迷ったら全部買う」**というのもひとつの方法です。

考えなしの方法のように感じられるかもしれませんが、じつはかなり有効な手段であることを説明します。

上の表は、2004年から2016年における、基本的な投資対象の1年あたりの収益率（利益の割合）をランキング形式で示したものです。

国内株式、国内債券、外国株式、外国債券、そして「元本確保型」とあるのは、定期預金などの元本が保証されたもののことです。

毎年第1位になる資産を予想することができれば、どんどん資産を増やすことができそうですね。しかし、現実的に考えて、投資の初心者がそんなことをするのはおよそ不可能でしょう。

ひとつひとつの投資対象を見てみると、順位の変動が激しいことが分かります。たとえば、２００４、２００５年と続けて1位だった国内株式が、翌年には6位にまで落ちています。２０１４年にはまた1位に返り咲いていますが、初心者がその間、辛抱強く待ち続けることは難しいでしょう。

たとえ最初の数年間はビギナーズラックで利益を出せたとしても、長くは続きません。のちのち大きく予想を外して資産を激減させてしまうというのがありがちなパターンです。

ここで、「だったら、初心者は投資に手を出さない方が良いな」とは思わないでください。初心者にもできることはあります。ある意味、**初心者だからこそ気負いなく選択しやすい方法がある**と言えるものです。

それが、前述した国内株式、国内債券、外国株式、外国債券、元本確保型のすべてに投資してしまうというものです。

この方法が**分散投資**です。

74、75ページの図に「5資産均等」と書かれた部分があると思いますが、これが、5つの資産すべてに投資した場合の結果です。

成績が良い資産のメリットを受けられる一方で、成績が悪い資産のデメリットも受けることになるため、1位になることこそありませんが、逆に最下位になることもなく、比較的安定していますね。大儲けを期待することは難しいかもしれませんが、大損という不安からは逃れることができます。

これがまさに、いくつもの資産に分散投資することの効果です。

世の中には、「安定して資産が増え続ける」という金融商品はありません。資産が増える可能性が高ければ、価格の推移は不安定になってしまうことは、皆さんも感覚的に理解しているはずです。つまり、ハイリターンであればハイリスクでもあるということです。

しかし、可能な限り「安定して資産が増え続ける」という目標に近づく手段のひとつとして、複数の資産に投資する方法、分散投資があるのです。

よって、投資を行うときは、さまざまな選択肢の中から「選ぶ」のではなく、それらを**「組み合わせる」のが良い**ということです。

なぜ、分散投資をすると安定しやすいのでしょうか？

それは、ひとえに**「それぞれが異なる値動きをすること」**に原因があります。

左の図のように、ＡとＢという値動きの不安定な資産があったとします。

これらのうちどちらか一方だけを選ぶのであれば不安定なままですが、２つを組み合わせて投資を行うと、太線のようになり、より安定した投資を行うことができるのが分かります。

これが分散投資の基本的な考え方です。

もっとも、この図のように、ほぼ真逆の値動きをし、しかもそれぞれが結果的に

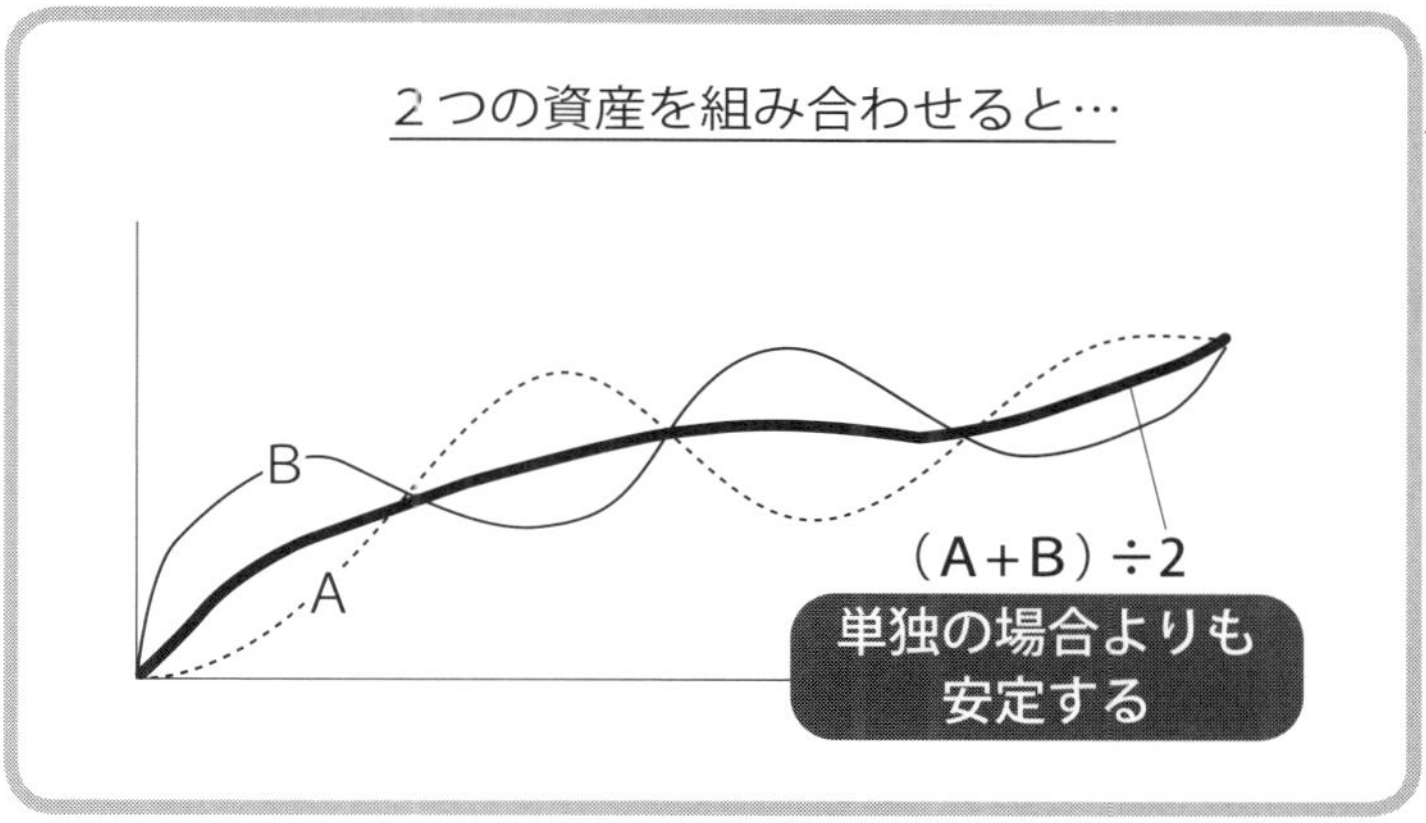

値上がりするという都合の良い資産の組み合わせなど、そうそうありません。

そのため、さまざまな資産を複数組み合わせることで、分散投資の効果がより高くなるようにするのです。

つみたてＮＩＳＡでは、国内株式や外国株式で運用するものを中心に多くの投資信託がラインナップされています。

ハイリターンの株式によって大きな利益を生み出すことができるかもしれません。しかし、初心者がそんなことを目指すのは、入門初日に巴投げのような大技にチャレンジするようなものです。

初心者だからこそ、分散投資によって安定的な成績を目指すことが基本となるのです。

1年間ごとの分散投資の収益率

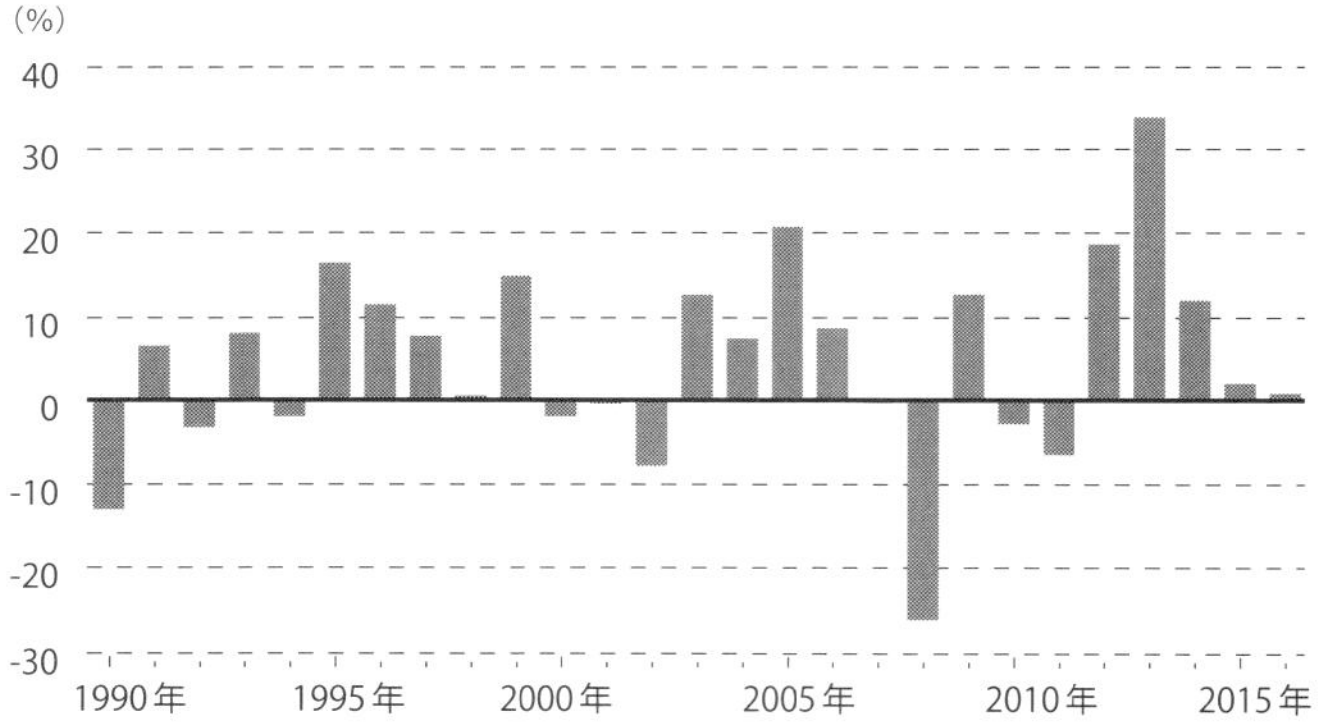

■資産を守るための受け身の【長期投資】

分散投資によって安定的な成績を目指すことはできるとはいえ、74、75ページのランキングをよく見ると、「5資産均等」でも、13年間のうち3回も収益率がマイナスになっています。

つまり、**分散投資をしていても、短期間では安定的な運用は難しい**のです。

上の図は、過去27年の間、分散投資

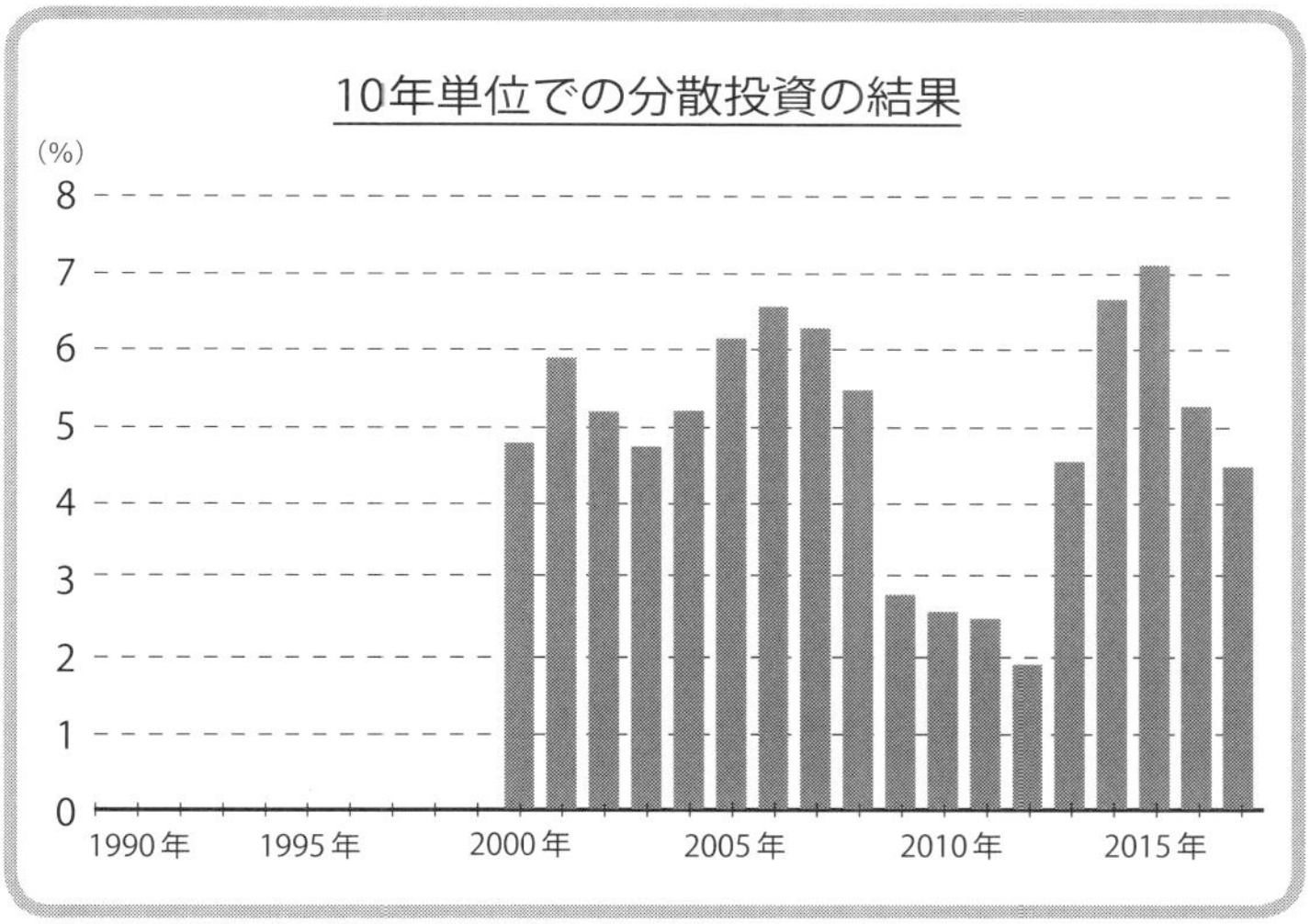

をした場合の1年間ごとの結果です。割合は国内株式、国内債券、外国株式、外国債券に各25%です。

収益率を見ると、おおむね3〜4年に1回程度の割合で、都合8回もマイナスになっています。しかも、もっとも運用が悪かったときにはマイナス26・1%にも達しています。

もし100万円を投資していたとしたら、たった1年間で26万円以上も損をしたことになります。

そこで今度は、10年単位で分散投資を行った場合の結果を見てみましょう(上図)。

ここでは、収益率がマイナスになっ

ている年がありません。将来も利益が出ると断言できるわけではありませんが、過去の実績を見ると、投資期間を長くすることで元本割れのリスクを小さくすることができるようです。

さて、この結果を見て、みなさんはお気づきでしょうか。

これは、たった一度だけ投資をして、それを10年間寝かせ続けていただけだということを。途中、売買や変更の手続きなども一切していません。

これが、長期投資の効果なのです。

改めて74、75ページの表をよく見ると、当初は収益がマイナスとなっている時期が続き、一時は投資した資産が半分以下になっています。しかし、10年という長期間の積み立てを続けたことによって、20万円以上の収益を得られたことが分かります。

つみたてＮＩＳＡは、長期間の積み立てを想定して制度設計されてはいますが、短期間で売却することも可能です。そのため、運用当初に損失が発生すると、早々に諦めて損切りしてしまう人もいるかもしれません。

しかし、これまで見てきた通り、短期間で一喜一憂することなく、より長く積み立て続けた方が有利になるのです。

ここまで見てきたように、**受け身の投資とは、「積み立てること」「分散すること」「長期に及ぶこと」**です。これができれば、初心者でも堅実な投資が可能です。

世の中に「おいしい話」はそうそうありません。あやしい情報にいたずらに惑わされることなく、「初心者の自分ができること」を粛々と続ければ、一定の成果をあげることができるでしょう。

■貯蓄VS投資VS投機

資産に対する考え方として、大きく次の3つが挙げられます。

「貯蓄」、「投機」、「投資」です。

これらについては、なんとなくその違いを感じているものの、明確ではないという人もいるようです。しかし、この線引きがあいまいだと、「この商品は元本保証で必ず毎年６％儲かりますよ」などという話を信用して騙されてしまいます。

現代では、元本保証であれば年１％でも怪しいのに、６％も儲かるはずがありません。絶対に損をせず、なおかつ大きく儲け続けることが約束された話というのは、「どんな矛も防ぐ盾」と「どんな盾も突き通す矛」をいっしょに売るようなものです。落ち着いてリスクとリターンの関係性を考えれば、ありえないものなのです。

「貯蓄でできること」と「投資でできること」は違います。投資に対して過度の怖れを抱いてしまわないように、ここで、貯蓄や投機との違いをはっきりさせておきましょう。

■貯蓄

貯蓄は資産を守るための方法です。「貯める」と「蓄える」の文字が組み合わされているように、今あるものをしっかりと守り抜くものです。

つまり、**今ある資産が減らないようにすることが一番の目的**であり、増やすことまでは考えていない方法です。

代表例としては預金が挙げられます。周知の通り、預金は銀行が預金者から預かったお金を守るものです。もちろん、銀行が破たんした場合は元本割れすることもありえますが、預金保険制度によって元本1000万円までとその利息は保護されています。

他にも、終身保険や養老保険などがありますが、これらも貯蓄の一種と考えてさしつかえないでしょう。

■投機

貯蓄とは真逆の関係にあるのが「投機」です。

投機の「機」は機会（タイミング）を示していると言われています。値上がりや値下がりのタイミングを当てて、資産を大きく増やそうというものです。タイミングが合えば大儲け、タイミングを外せば大損という結果を招くため、運も重要な要素となります。

分かりやすい例が競馬の馬券です。予想が当たれば何倍にも何十倍にも増えます。

そして予想が外れれば資金は戻りません。一部には「馬券に投資する」という言い方をする人もいますが、実際は投資ではなく投機である点に注意しましょう。

投資

「貯蓄」と「投機」の間にあたると考えられるのが「投資」です。投資の「資」は資産や資本を表すと言われています。

たとえば、ラーメン屋さんを開業するのも投資です。鍋や器といった資産にお金を投じてお店を作り、商売を始めて人気店になれば儲けることができるかもしれません。株式投資や不動産投資も基本は同じです。自分が持っている資産を利用して、リスクを考慮しつつ、**利益を生むことを目的とした行動**だということです。

投資にビギナーズラックはありません。人気のあるラーメン店を開業するためには、有名店で修業するなどの準備や苦労が必要になります。株式や不動産への投資をする場合でも、経済状況を分析したり、投資対象を選んだりする必要があります。

ただ、投資の場合は、自分で修業や勉強をするのが面倒であれば、上手な人に任せるということができます。プロに儲かる株式を選んでもらう投資信託も、その例

貯蓄・投機・投資の違い

	貯蓄	投機	投資
目的	資産を守る	資産を増やす	資産の成長
デメリット	インフレに弱い	資産が消える可能性がある	一時的な値下がりの可能性がある
主な投資対象	預金	株式・FX・馬券	株式・債券・投資信託

のひとつと言えるでしょう。

では、投資と投機とはどこが違うのでしょうか？

大きな違いは**「タイミング」**と**「成長性」**にあります。

先ほどの馬券の例で考えてみましょう。

競馬であれば、その日のレースで勝つと予想していたにも関わらず負けた馬が、数ヵ月後のレースで勝ったり、数年後にGIレースで優勝したりすることもあるかもしれません。

しかし、そのようなことがのちのちあったとしても、その馬が負けたレースの馬券の価値が高まることはありません。単に損をしたという結果が残るだけです。

一方、その馬の成長によって資産を増やすことに成功する人がいます。それが馬主です。

馬主は、一度のレースで一時的に損をしても、その馬が成長して活躍するようになり、賞金を獲得するようになれば、資産を増やすことができます。一度限りのレースでお目当ての馬がタイミングよく勝つことにお金をかけるのではなく、「馬という資産」に投資をするからこそ、自分の資産を増やすことができるのです。

馬券を買うことはギャンブル、つまり投機ですが、馬主になることは投機でなく、投資です。これが、投資と投機の大きな違いです。

ただし、成長すると思って育てた馬が期待通りに成長せず、あまり賞金を稼ぐことなく引退すれば、賞金よりも馬を買ったときの値段や餌代の方が上回り、結果的に大きく損をすることも考えられます。投じたお金を失うことがあるので、投資は貯蓄とも異なります。

そして、馬の成長に期待して馬主になるのと似ているのが株主です。

株主は企業の成長力に期待してその株式を購入します。もちろん、見る目がなければ、株価が暴落したり企業が倒産したりして大きな損失をこうむることもありえます。素人が賞金を稼ぐ馬を見極めることができないように、投資の初心者が株式を見る目を持つのは難しいでしょう。

そこで「つみたてＮＩＳＡ」では、投資信託を活用することによって、プロ（ファンドマネージャー）に商品選びを任せることができるようになっているのです。

■勝負や予想をしなくてもいい

さて、いざ実際につみたてＮＩＳＡを始めようと思ったとき、きっとみなさんは迷うことでしょう。

「どれが儲かるだろう？」

こう考えるのもやむをえないことです。

それでも、**儲けようという考えは捨てましょう**。どうしても一発勝負で儲けたいと思うのであれば、つみたてＮＩＳＡは向いていません。

つみたてNISAには「積み立てのみ」という制限があり、これが場合によっては大きな利益を上げるタイミングを逃してしまう原因にもなりえるのですが、ここで一度立ち止まって、積み立てについての根本的な考え方を思い出してください。

積み立ては、**「時間を味方にして成長させる」**というものです。「コツコツと積み立てた資産の成長を長い間見守っていこう」という意識を持っておくことが大切です。この意識があれば、資産の価値が一時的に急落してもあわてる必要はなく、将来的な成長を待つこともできます。

加えて、投資信託を選ぶ際にも**「儲かる商品を予想する」という意識を捨てるようにしましょう**。

理由は簡単です。**ほとんどのケースで予想は当たらない**からです。

さかのぼると、日本がバブルに沸いていた頃は、1990年以降にバブル経済が崩壊し、日本の株式が長らく低迷することなんて、誰も予想していませんでした。

2008年10月のリーマンショックの際も、その半年ほど前にサブプライムローンが大きな問題になっていたにもかかわらず、多くの専門家は「もう大きな経済問題は起きない」と予想していました。

しかし、彼らの予想は外れ、世界中が大混乱に陥りました。それが現実です。だからこそ、どうすれば儲かるかということを予想するのは止めた方が良いのです。

つみたてＮＩＳＡにはせっかく20年という時間的余裕があるのですから、もし予想するのであれば、「15年～20年後に日本や世界の経済が成長するかどうか」ということを考えてみましょう。

これであれば、答えを導き出すのは比較的簡単です。

世界の経済は現在に至るまで成長を続けてきました。バブル崩壊後長く低迷した日本経済も、リーマンショックで大きく後退した先進国全体の経済も、そのまま衰退することなく成長を続けています。

この世界の成長力に投資すれば、みなさんの資産を成長させることも理論的に可能なはずです。

そして、この経済の成長に連動して成長すると考えられる資産こそ、株式や債券、不動産（ＲＥＩＴ）なのです。

代表的な資産の価値の推移

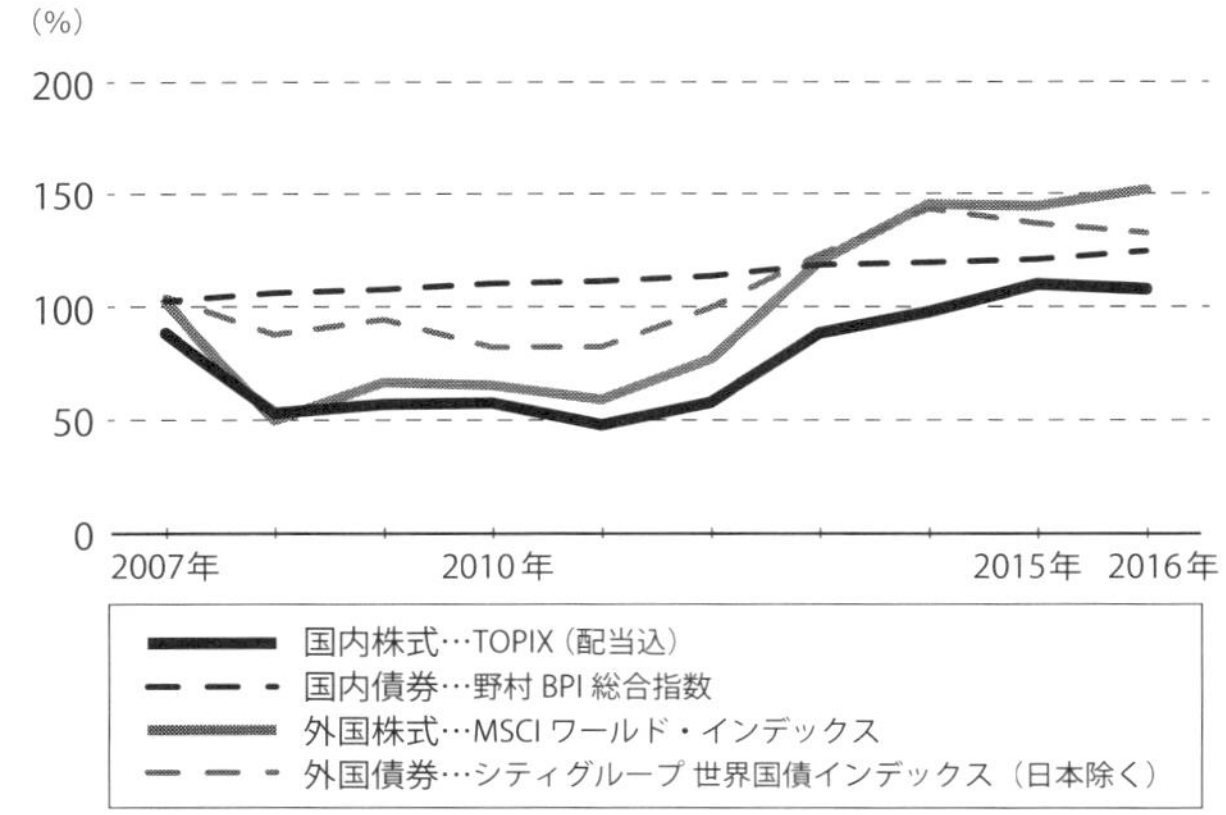

上のグラフは、過去10年間の代表的な資産の推移を示したものです。

途中、リーマンショックにより国内外の株式や外国債券が大きく値下がりしていますが、どの資産もプラス圏となっています。

このような成長力に期待することが、つみたてＮＩＳＡの基本となるのです。

つみたてＮＩＳＡで行う契約は「累積投資契約」になります。累積とは積み重ねるという意味で、累積投資契約は、事前に金融機関との間で投資信託の定期的な購入を決めておく方法です。

この累積投資契約では、その商品の値上がり・値下がりに関わらずひたすら同じ商品を買い続けることになります。

もちろん購入する商品を変更することも可能ですが、手続きが面倒なので、初心者の方が頻繁に商品を変更するケースはあまりありません。しばらくは運用状況を確認せず、何も見ない状態で積み立てを続けるのが良いでしょう。

「いつの間にか貯まっていた」、これが積み立てを長く続けるコツです。

■ライフプランに合わせて積み立てる

つみたてＮＩＳＡを、非課税投資上限額である40万円まで、20年間続けると、積立総額は８００万円になります。８００万円もあれば、マイホームを買うときの頭金やリフォーム費用、老後生活資金など、さまざまな用途に有効利用することができそうですね。

しかも、この800万円というのは、運用益が0%だったときの数字です。つみたてNISAは貯金の積み立てではなく**投資での積み立て**ですから、運用次第でさらに増える可能性があります。

もちろん、預金のように毎年同じ運用ができるとは限りません。大きく増えることもあれば、ときには大きく減ってしまうこともあるかもしれません。しかし、そのような変動を繰り返しながら、長期的に資産をある程度増やそうというのがつみたてNISAにおける投資の姿です。

20年後の資産額をシミュレーションしてみると、毎年の運用次第で左の図の通り、大きく変わります。

もし、毎年10%の利回りを出し続ければ、800万円の積み立てが2000万円以上にもなります。8%の利回りでも1800万円以上になります。

「8%」という数字だけを見ると小さいように感じるかもしれませんが、20年間続けることで、大きな成果を得ることができるのです。

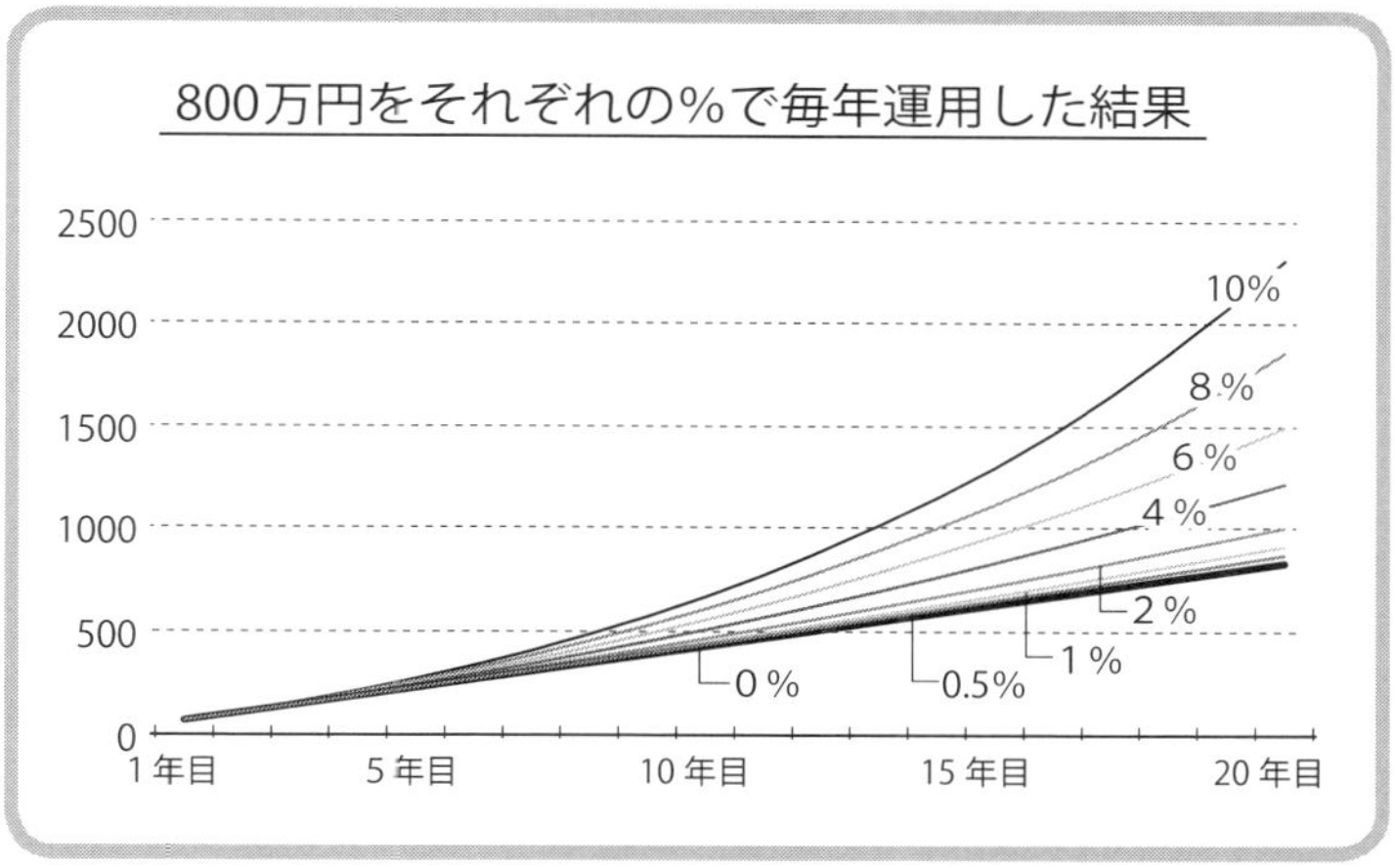

800万円をそれぞれの%で毎年運用した結果

逆に、0・5%の利回りでは約40万円の収益にしかなりません。

運用次第でこれだけ結果が異なるのですから、願わくは少しでも運用益が高くなるようにしたいものです。

ただし、高利回りを保証するような投資信託はありません。

自分に合った利回りの目標を定め、それを達成できるように投資信託を選んだり組み合わせたりすることが必要になります。

もちろん、高い利回りをめざす際には、その分だけリスクも高くなることを忘れてはなりません。たとえ、分散投資によってリスクを小さくする工夫をしたとしても、リターンを高めればリスクが高まるのは必然です。

では、どの程度の利回りを目標にすれば良いのでしょうか？

それは、人によって異なってきます。家族構成や持ち家の有無、将来の展望などの要素によって、耐えられるリスクにも違いが出てくるためです。

つまり、**ライフプランをより具体的に検討しておくことが第一歩**となります。なんとなく「将来こうしたい、ああしたい」と考えるだけではなく、目標を数値化して「何に」「いつ」「いくら」の資金が必要なのかを明確にしたいものです。

難しいところでしょうが、次の３つのポイントを目安に考えると分かりやすくなります。

①積み立てたお金をどう使うか
②積み立て終了時に何歳になっているか
③お金を増やしたいという気持ちの強さはどのくらいか

まず①ですが、最長で20年間積み立てを続けることを考えると、その資金を何に使うのかをあらかじめ想定した方が良いでしょう。

もし、増えたお金を子どもの教育費用にしたいというのであれば、大幅に減ってしまうと困ります。その場合は、目標の利回りを低めにすることで、リスクを小さくすることになります。

その一方、つみたてＮＩＳＡの資金でセミリタイアして悠々自適に暮らすことを目指すのであれば、積極的に高利回りを狙った運用を行うという方法も考えられます。もちろん、リスクは高まることになりますが、この場合は資産が減ったらセミリタイアを諦めて、働き続ければいいだけです。

また、増やしたお金を家のリフォーム費用に充てようと考えている場合も、「運用がうまくいけば豪華なリフォームをしよう、運用が失敗したら修理・修繕だけで済ませよう」と、運用結果に合わせてリフォームのレベルを変えることができます。

つまり、お金が減っても何とかなるケースであれば、より高い利回りを狙った運用を行うことが可能ということです。

余裕資金を積み立てるということであれば、なおのことハイリスク・ハイリターンの運用を検討してみてもいいでしょう。

次に検討するのは、②の積み立て終了時の自分の年齢です。

積み立てを終了する予定の年齢が80歳以上になるということであれば、運用の失敗で生じた損失を取り戻す時間的余裕はないため、堅実な運用をした方が良いということになります。

その一方で、積み立て終了時の年齢が40歳くらいということであれば、40歳の時点で持っている投資信託で損失が発生していても、売らずに持ち続けていれば、いつか基準価額が回復するかもしれません。もちろん、そのまま損失が拡大することもありえますが、時間的な余裕の有無は投資に大きな影響を与えます。

ここまでの話をまとめると、使用目的や時間に余裕があれば、ハイリスク・ハイリターンの運用が可能ということになります。

そしてここにもうひとつ、③の**お金を増やしたいという気持ちの強さ**を考慮する必要があります。

リスクとリターンのイメージ

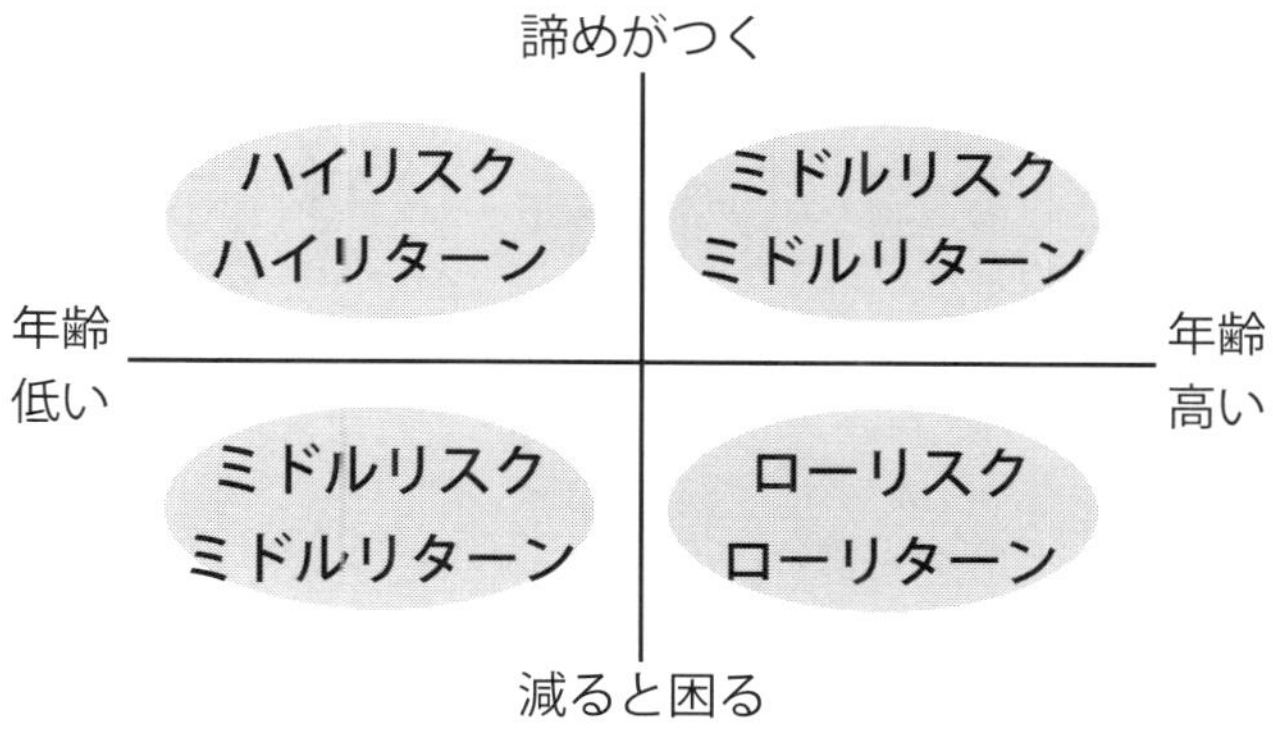

投資を行うのは人間です。人間は、常に合理的な判断や論理的に正しい行動ができるわけではありません。性格も人によってさまざまです。

たとえば、今まで投資をしたことのない人が、はじめから無理にリスクの高い投資に手を出すと、時価の変動にストレスを感じてしまうかもしれません。

コツコツと長期で積み立てていればリスクを小さくすることも可能ですが、そのことを頭では分かっていても、自分の資産が日々増減するストレスに耐えかねて、途中で積み立てを止めたり、売却したりしてしまうかもしれません。そうなると、長期投資のメリットは失われ、リスクをダイレクトに受ける運用になってしまいます。

そのような事態を回避するためにも、投資を始める前に、自分はどこまでリスクをとっても良いと考えるのか、お金を増やしたい気持ちがどのくらい強いのかを、ある程度明確にしておいた方が良いでしょう。

リスクを好まない人が無理に高い利回りを狙う必要はありません。「長期間」というつみたてＮＩＳＡの特徴を活かす上でも、ストレスを感じない範囲で商品を選ぶことが大切です。

それでは、次の章にて、商品名もふまえながら、具体的な投資信託選びについて見ていきましょう。

4章　投資信託の選び方

えりすぐられた選択肢

つみたてＮＩＳＡでできる投資の選択肢はひとつだけ、投資信託という商品です。企業の株式や債券を個別に購入することはできません。

しかも、投資信託なら何でも良いというわけではなく、選択できるものは金融庁によって限定され、さらに金融機関ごとに絞られています。

選ぶ自由が少ないとも言えますが、人はあまりに選択肢が多すぎると、逆に思考停止に陥ってしまう傾向があります。

国内には約６０００本の投資信託があり、その数は日々増加しています。そしてその多くが似たようなものと言っても過言ではありません。

もちろん、商品ごとにどんな特徴を持つのか、他の商品とどんな違いがあるのかなどをすべて理解した上で、自分に合ったものを選ぶことができる人もいるでしょう。ただ、そのためにはやはり手間と時間がかかるので、細かく選ぶのは現実的には難しいという人の方が多いのではないでしょうか。

その点、つみたてＮＩＳＡで選ぶことができる投資信託は、金融庁や金融機関が投資初心者のために厳選してくれたものなので、その中から自分に合ったものを選べば良いのですから、手間いらずでお得な話なのです。

そこでこの章では、具体的にどのような投資信託があり、どのように選べば良いのかを見ていきます。

■長期間続けられることが大事

つみたてＮＩＳＡ内で投資信託を選ぶ際には、つみたてＮＩＳＡという制度の特性を掴んでおくことが必須です。

つみたてＮＩＳＡの最大のポイントは、「長期間にわたる積み立て」であることでしたね。そのことによって、短期的な値上がりを狙うのではなく、長期的な成長力に期待する投資です。

ですから、つみたてＮＩＳＡで投資信託を選ぶのであれば、短期的な値動きには目をつむるくらいの姿勢で臨みたいものです。積み立て続けていけば、一時的に値下がりしたとしても、「購入単価が下がるな」と考えることができるので、歓迎すべき事態にさえなります。

大事なのは**「長期的な成長力」**です。

もし、短期で儲けたいというのであれば、つみたてＮＩＳＡではなく、一般ＮＩＳＡの方が、非課税投資額も大きい（年間最大１２０万円）ので有利です。あえて非課税投資額を減らしてでも、つみたてＮＩＳＡを利用することの意義を忘れないようにしましょう。

■つみたてＮＩＳＡで分散投資ができる

ここで、74、75ページの図を思い出してください。投資対象がかたよってしまうと、いくら長期投資に挑んでも、リスクが過剰に高まってしまいます。

つみたてＮＩＳＡでも同様です。ある程度バランスをとった運用、つまり分散投資を行うことを心がける必要があります。

つみたてＮＩＳＡで分散投資を行う方法は２つあります。

①複数の資産を組み合わせた投資信託（バランス型）を選ぶ
②特定の資産のみで運用する投資信託を組み合わせる

①は、効率の良い分散投資ができるように、あらかじめ理論的に資産配分が決められているものです。単独でもバランスがとれる運用をしているので、「バランス型」と呼ばれています。なかには、相場の状況等に合わせてその資産配分を自動的に変更していく投資信託もあります。

バランス型の投資信託をひとつ選ぶだけで分散投資ができるので、初心者にとってはお手軽な選択肢と言えます。「よく分からないけどとりあえずひとつ選んでみよう」ということであれば、バランス型の投資信託を選ぶと良いでしょう。

一方、「もう少し自分で選びたい」という人に向いているのが②です。

「特定の資産のみで運用」というのは、たとえば株式のみ、債券のみなど、単一の資産で運用しているということです。そのため、１本だけでは分散投資になりません。他の資産で運用する投資信託と組み合わせて積み立てる必要があります。

左の図は、各投資対象がどのような局面で値上がりするかをまとめたものです。

たとえば、国内の債券で運用する投資信託は景気が悪く円高のときに値上がりしやすく、国内株式で運用する投資信託は景気が良く円安のときに値上がりしやすい傾向にあります。

また、投資対象が国内のものと海外のものでは、値上がりする局面が異なってきます。

そのため、どのような資産で運用しているのかを確認することは必須になってきます。

ただし、２章で述べた通り、つみたてＮＩＳＡでは国内株式や外国株式で運用す

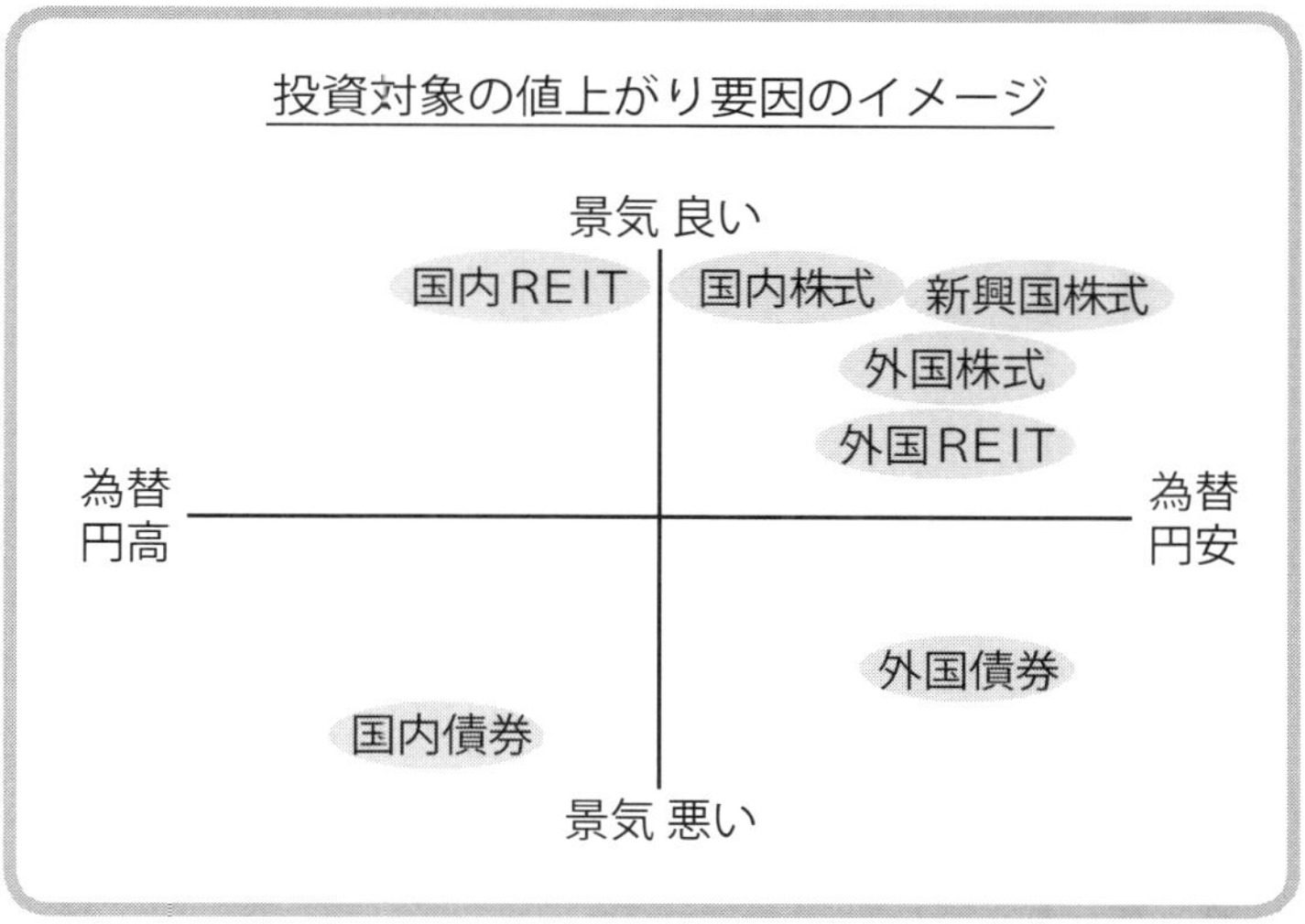

る投資信託を中心にラインナップされているため、債券やREITのみで運用する投資信託を選ぶことができません。

よって、「もう少し自分で選びたい」という人は、つみたてNISAで株式の投資信託を選ぶのとあわせて、一般口座などの課税口座で債券やREITで運用する投資信託を選ぶようにしてください。

いずれにせよ、投資信託の中身を知っておくことは大切です。

そこで次に、投資信託の詳細を確認する方法を紹介していきます。

何に投資しているかで選ぶ

まず、何に投資するかという大きな選択肢があります。

ここでは、株式が主役になります。加えて、日本国内の資産か、あるいは海外の資産かなどの区別も重要です。それぞれにリスク要因が異なるので、ひとつずつ確認していきましょう。

なお、これから頻繁に出てくる「ベンチマーク」という言葉は、「基準」や「目安」を意味するものです。

通常、投資信託は値動きの基準となる指標を定めています。

たとえば、国内株式で運用する投資信託であれば、日本を代表する225の上場株式の株価を平均した「日経平均株価」や、東証一部に上場している全銘柄の時価総額を対象にした株価指数「TOPIX」をベンチマークとするケースが多くなっています。

①国内株式で運用する投資信託

【メリット】日経平均株価やTOPIXなどをベンチマークとする。ベンチマークの情報はニュースなどで簡単に手に入れられるので、その日の値動きがイメージしやすい。国内の景気との連動性が高いので、「なぜ値上がりしたのか」「なぜ値下がりしたのか」が分かりやすい。

【デメリット】リスクが高い。外国の株式に比べると成長性に乏しい。


これは、日本国内の企業の株式を何種類か選んで運用する投資信託です。このタイプの投資信託を購入するということは、間接的な投資によって日本の上場企業の株主になることを意味します。

よって、多くの日本企業が儲け、日本の景気が良くなれば、このタイプの投資信託は値上がりする可能性が高くなります。

もしこのタイプを利用して短期的に利益を出そうと考えるのであれば、これから数年間の景気を読むことが必要になりますが、つみたてＮＩＳＡは長期間にわたる積み立て投資です。短期的な景気変動よりも、長期的な日本企業の成長力の影響が大きいと考えられます。

よって、10年後や20年後を見据え、日本企業の成長は厳しい、日本経済の成長も厳しいと考える人は、このタイプの投資信託を避けた方が良いかもしれません。

左ページの表は、国内株式で運用する投資信託の代表的なものです。投資信託名に運用の基準となるベンチマーク名が入っていることが多いので、どのような商品なのかが比較的分かりやすくなっています。

②外国株式で運用する投資信託

【メリット】国内株式よりも高い成長が期待できる。
【デメリット】国内株式よりもリスクが高い。国際情勢の影響を受けるので、値動きの要因を掴むのが難しくなる。為替相場の影響も受けやすい。

バブルの崩壊以来、日本国内の経済は低迷し続けましたが、世界経済はその間も

国内株式で運用する投資信託の例

投資信託名	運用会社
たわらノーロード　TOFIX	アセットマネジメント One
たわらノーロード　日経 225	
iFree JPX 日経 400インデック	大和証券投資信託委託
iFree TOPIX インデックス	
iFree 日経 225 インデックス	
[購入・換金手数料なし] ニッセイ JPX 日経 400インデックスファンド	ニッセイアセットマネジメント
[購入・換金手数料なし] ニッセイ TOPIX インデックスファンド	
[購入・換金手数料なし] ニッセイ日経平均インデックスファンド	
ニッセイ TOPIX オープン	
ニッセイ日経 225インデックスファンド	
野村インデックスファンド・JPX 日経 400	野村アセットマネジメント
野村インデックスファンド・TOPIX	
野村インデックスファンド・日経 225	
野村つみたて日本株投信	
三井住友・DCつみたてNISA・日本株インデックスファンド	三井住友アセットマネジメント
SMT　JPX 日経インデックス 400・オープン	三井住友トラスト・アセットマネジメント
SMT　TOPIX インデックス・オープン	
SMT　グローバル株式インデックス・オープン	
SMT　日経 225 インデックス・オープン	
eMAXIS JPX 日経 400 インデックス	三菱 UFJ 国際投信
eMAXIS Slim 国内株式インデックス	
eMAXIS TOPIX インデックス	
eMAXIS 日経 225 インデックス	
つみたて日本株式（TOFIX）	
つみたて日本株式（日経平均）	
Smart-i TOPIX インデックス	りそなアセットマネジメント
Smart-i 日経 225 インデックス	

◆何に投資しているかで選ぶ◆

着実に成長を続けてきました。その成長力に期待して投資するのがこのタイプの投資信託です。

対象は主に先進国の企業の株式です。

外国企業の株式の魅力は、継続的な新陳代謝です。

アメリカ経済の牽引役は、かつてはＧＭ（ゼネラルモーターズ）やフォードといった自動車産業が担っていましたが、現在はマイクロソフト、アップル、グーグルなど、ＩＴ関連企業がその役割を引き継いでいます。大手企業が低迷したら新たな大手企業が現れる、という状況が続いているのです。

新しい企業が経済を活性化し続けるという期待が持てるのは、外国株式の大きな魅力です。

ただし前述の通り、日本で外国の資産を扱う場合は為替相場の影響を受けるため、外国の株式自体は値上がりしていても、円高が進行して、株式の値上がり分が帳消しになってしまうという事態も考えられます。

このような為替相場の影響を受けずに外国株式で運用したいという人は「為替

外国株式で運用する投資信託の例

投資信託名	運用会社
たわらノーロード　先進国株式	アセットマネジメントOne
たわらノーロード　先進国株式（為替ヘッジあり）	
全世界株式インデックス・ファンド	ステート・ストリート・グローバル・アドバイザーズ
米国株式インデックス・ファンド	
iFree S&P500 インデックス	大和証券投資信託委託
iFree 外国株式インデックス（為替ヘッジあり）	
iFree 外国株式インデックス（為替ヘッジなし）	
[購入・換金手数料なし] ニッセイ外国株式インデックスファンド	ニッセイアセットマネジメント
野村インデックスファンド・外国株式	野村アセットマネジメント
野村インデックスファンド・外国株式・為替ヘッジ型	
野村つみたて外国株投信	
外国株式指数ファンド	三井住友アセットマネジメント
三井住友・DCつみたてNISA・全海外株インデックスファンド	
SMT　グローバル株式インデックスオープン	三井住友トラスト・アセットマネジメント
eMAXIS Slim 先進国株式インデックス	三菱UFJ国際投信
eMAXIS 先進国株式インデックス	
eMAXIS 全世界株式インデックス	
つみたて先進国株式	
つみたて先進国株式（為替ヘッジあり）	
楽天・全世界株式インデックス・ファンド	楽天投信投資顧問
楽天・全米株式インデックス・ファンド	
Smart-i 先進国株式インデックス	りそなアセットマネジメント

ヘッジあり」あるいは「為替ヘッジ型」となっている投資信託を選ぶと良いでしょう。

為替ヘッジとは、為替相場の影響を受けないように、あらかじめ為替予約という仕組みを利用することで、為替相場の変動（円高や円安）による値動きをおさえる方法です。

為替ヘッジのある投資信託であれば、円高が原因で利益が減ったり損をしたりすることは少なくなります（その代わり、円安が進行してもその分で利益を出すという期待はできなくなります）。

〝日本よりも世界経済の長期的な成長に期待したいけど、為替で損をするのは嫌だ〟と考えるのであれば、このタイプの投資信託を選ぶと良いでしょう。

なお、投資信託の世界で単に「外国」といった場合は、先進国のことを指すのが一般的です。

また、外国株式に分類される投資信託の中には、新興国の株式や国内株式が一部含まれているケースもありますが、基本的には外国の先進国の割合が多くなる傾向があります。

新興国の株式で運用する投資信託の例

投資信託名	運用会社
たわらノーロード　新興国株式	アセットマネジメントOne
iFree 新興国株式インデックス	大和証券投資信託委託
野村インデックスファンド・新興国株式	野村アセットマネジメント
三井住友・DC 新興国株式インデックスファンド	三井住友アセットマネジメント
SMT　新興国株式インデックス・オープン	三井住友トラスト・アセットマネジメント
eMAXIS Slim 新興国株式インデックス	三菱 UFJ 国際投信
eMAXIS 新興国株式インデックス	
つみたて新興国株式	りそなアセットマネジメント
Smart-i 新興国株式インデックス	

③新興国の株式で運用する投資信託

【メリット】潜在的な成長力が高い資産で運用できる。
【デメリット】先進国以上にリスクが高い。政情不安によるリスクも大きく、為替相場の変動も激しくなりやすい。

新興国とは、中国やロシア、ブラジル、インド等を指し、かつて発展途上国と呼ばれていた国々の中でも、これからさらなる経済や産業の発展が期待される国々のことになります。

これらの国にある企業の株式は、自国の経済発展による価格上昇が期待できます。今後の成長力という点では、①の国内株式や②の外国株式よりも、この新興国の企業の成長に期待する投資信託の方が高いかもしれません。

ただその一方で、テロや戦争などによって起こる政情不安等によって、価格が乱高下することが懸念されます。強い魅力の裏には高いリスクが潜んでいることに注意しましょう。

④国内の債券で運用する投資信託

【メリット】安定的な運用が期待できる。株式の値下がり時に値上がりしやすい傾向がある。

【デメリット】大きな利益を出すことは期待できない。


国内の債券に投資する投資信託の一番の魅力は安定性が高い、つまりリスクが低いことにあります。このリスクの低さに加えて不景気に強いという点で、好景気に強い①とは異なります。

このタイプの投資信託は、資産を増やすためというよりも、株式の投資信託が値下がりしたときの損失を穴埋めするために利用すると考えた方が、長期的には有効な投資になると考えられます。

なお、つみたてＮＩＳＡでは、債券のみで運用する投資信託がラインナップされていない（平成29年12月）ので、この④と、続く⑤⑥の投資信託を選ぶことはできません。債券のみによって運用する投資信託については、将来的にはつみたてＮＩＳＡのラインナップに加わってくることも考えられますが、平成29年12月の時点では、一般口座や特定口座などで、つみたてＮＩＳＡとは別に購入する必要があります。

⑤外国の債券で運用する投資信託

【メリット】国内の債券よりも高いリターンが期待できる。

【デメリット】為替相場の影響を受けるので、その分だけリスクが高くなる。

外国の債券は、国内債券よりも高いリターンが期待できます。発行されている債券の利回りが高いものが多いためです。

ただし、外国資産の常として為替リスクがあるので、国内債券よりもリスクが高くなります。

また、外国債券の場合、②の外国株式の投資信託に比べると、ユーロの割合が高いものが多くなっています。ポンドも合わせると、よりヨーロッパの通貨の割合が高くなります。そのため、アメリカ経済よりもヨーロッパ経済の影響を受けやすくなります。

⑥新興国の債券で運用する投資信託

【メリット】外国（先進国）の債券よりもさらに高いリターンが期待できる。

【デメリット】政府等の破たんによって、大きな損失を被るリスクが高い。為替相場の変動もより大きくなりやすい。

新興国の債券で運用するタイプの投資信託は、株式同様、債券自体の価格変動に加え、為替相場の影響を考慮する必要があります。

新興国は先進国と比較して政治や経済が不安定なことが多いため、⑤以上にリターンやリスクが高くなります。それぞれの国の経済情勢を注視することも必要になるでしょう。

なかには、かつてのアルゼンチンのように国家ごと経済破たんしてしまうケースがあるかもしれません。基本的に、債券は「不景気に強い」と言われていますが、世界的な不景気によって国家が丸ごと破たんすることになれば、当然債券も大暴落することになるので注意しましょう。

⑦ＲＥＩＴで運用する投資信託

【メリット】国内の株式と似た値動きをしやすい中で、より高いリターンが期待できる。
【デメリット】国内の株式よりもややリスクが高くなりやすい。

ＲＥＩＴで運用する投資信託の例

投資信託名	運用会社
日本株式・Ｊリートバランスファンド	岡三アセットマネジメント
東京海上・円資産インデックスバランスファンド	東京海上アセットマネジメント
ニッセイ・インデックスパッケージ（国内・株式／リート／債券）	ニッセイアセットマネジメント
ドイチェ・ETFバランス・ファンド	ドイチェ・アセット・マネジメント
ニッセイ・インデックスパッケージ（内外・株式）	ニッセイアセットマネジメント

本来、株式と不動産は異なる資産ですが、どちらも景気の影響を受けやすいので、比較的似た値動きとなりやすい傾向があります。

加えて、ＲＥＩＴは個人投資家に人気があるので、株式以上に景気に対して敏感に反応しやすい傾向もあります。

なお、債券と同様に、ＲＥＩＴのみで運用する投資信託をつみたてＮＩＳＡで購入することはできません。ただ、バランス型投資信託（105ページ参照）の中に、ＲＥＩＴを組み込んだ商品があるので、上の図で紹介します。

106ページで言及したように、分散投資することを考えると、①から⑦の投資信託を選ぶ際には、単独ではなく、別の資産で構成された投資信託も同時に選ぶ必要があります。

組み合わせを考える際には、あらかじめ「国内株式○％、外国株式○％、国内債券○％、外国債券○％」と、全体的な枠組みを決めておくと選びやすくなります。

■運用方針で選ぶ

次に、運用方針についてです。

運用方針とは、投資信託をどのように運用するかという姿勢を示すものです。

これは、大きく「パッシブ運用」と「アクティブ運用」の2つに分けることができます。

■パッシブ運用

パッシブ運用は、ベンチマークに連動する運用を目指すものです。

111ページの表には「日経平均インデックスファンド」や「TOPIXインデックス」などと名前のついた投資信託がありますが、これらは名前にあるベンチマークに連動させるように運用しますよ、ということを意味しています。

既存の数値に準拠することを目指すので、比較的運用がシンプルで、投資家が負担するコストも低くなります。

「よく分からないけどとりあえず選ぼう」ということであれば、パッシブ運用の投資信託を選んだ方が無難でしょう。

■アクティブ運用

アクティブ運用は前述したベンチマークを上回る運用を目指すもので、パッシブ運用よりもやや高いリターンが期待できます。

このタイプでは、ベンチマークを上回る運用を実現するために、ファンドマネージャーによる細かい銘柄選別や企業の分析を行います。そうすることで、より高いリターンを目指すのです。なお、どのような銘柄選別を行うかという方針は、あらかじめ投資信託ごとに示されています。

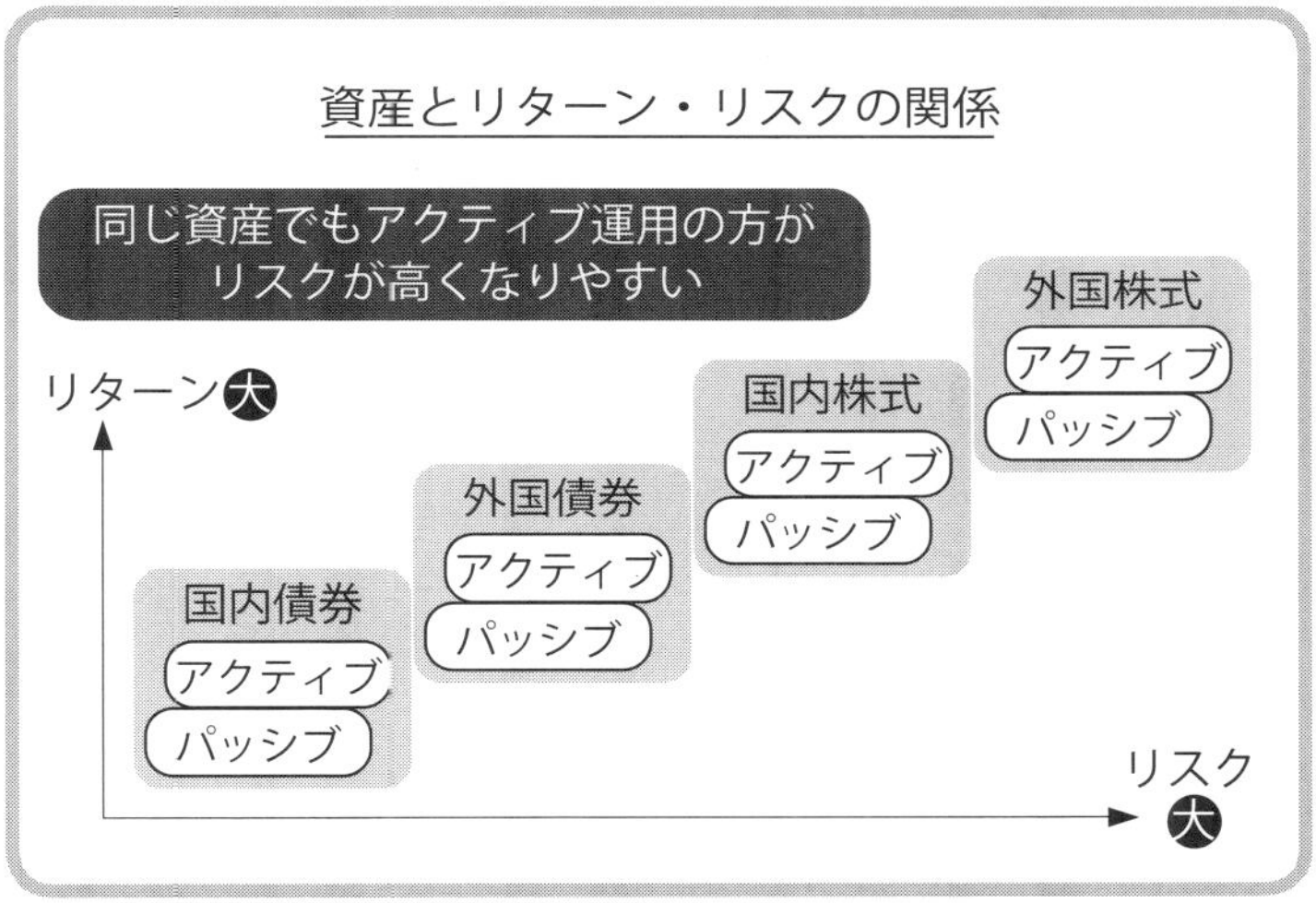

ただし、アクティブ運用をすれば必ずリターンが高まるというわけではありません。ときには運用結果がベンチマークを下回ることもあるので注意が必要です。

また、このタイプはファンドマネージャーが細かい銘柄分析を行う分、コストが高くなる傾向があります。このコストは「信託報酬」と呼ばれ、投資家から集まった資産の中から支払われています。つまり、投資家がこのコストを負担することになるため、運用の足かせとなります。

また、投資する銘柄の数が少なくなるため、パッシブ運用の投資信託に比べてややリスクが高くなる側面もあります。

ここまでの話だけでは、パッシブ運用とアクティブ運用は大幅に異なる値動きをするように感じるかもしれませんが、実際のところ、この2つはかなり似た値動きをします。大雑把な言い方をすると、**「少し違う」という程度**です。

前述の「何に投資しているか」という点での違いと比べれば、運用方針による値動きの差は微々たるものです。まずは「何に投資しているか」、次に「運用方針」の順で投資信託を選ぶと良いでしょう。

勘違いしやすい「リスク」と「リターン」

ここまで、何気なく「リスク」や「リターン」といった言葉を使ってきましたが、じつはこの2つの言葉には気をつけなければいけません。

これを誤解したまま投資信託を購入している人もいるようですが、そのままでは失敗してしまいかねません。投資で失敗しないためには、これらの言葉をしっかりと理解しておくことが必要です。

まず「リターン」についてですが、この言葉を「収益」や「利益」と理解されている方は多いようです。

それでも間違いではありません。しかし、それだけではありません。リターンを直訳すると「戻り」ですが、投資したお金が増えて戻ってきても減って戻ってきても、その結果を総称してリターンと呼ぶことに変わりはありません。増えて戻ってきたら「プラスのリターン」、減って戻ってきたら「マイナスのリターン」と呼ぶだけです。

よって、**「リターン」という言葉には、利益はもちろん、損失も含まれる**のです。

一方、「リスク」という言葉は、業界や場面ごとに意味が異なるので誤解されやすい傾向があります。

一般的には、「危険」という意味で使われることが多いでしょう。自動車であれば「事故のリスク」、スポーツであれば「ケガのリスク」といった具合です。

一方、金融業界においては、大きく2つの意味で使われています。

ひとつは、一般的なものと近い意味で使われています。その例が保険の場合で、様々な危険から生じる「損失」の意味で使われることが多くなっています。「この生命保険は、死亡リスクに備えて加入するものです」「災害のリスクに備えるためには、保険が有効です」などといった具合です。

もうひとつは、投資や運用において使われる**「変動幅」**の意味です。運用している資産や商品がどの程度値上がり・値下がりするのか、その変動幅こそが「リスク」なのです。

たとえば、ある投資信託の説明を受けた際に、「この投資信託はリスクが低くなっています」と言われた場合、決して「この投資信託は元本割れする可能性が低いですよ」ということを意味しているわけではありません。

正確な意味としては次のようになります。

「この投資信託は、利益が出ても損失が出ても、その額は小さいですよ」

つまり、「この投資はリスクが小さい」とは、正確に言うと、「大儲けはできないが大損もしない」ということになります。

一般的に、外国の株式は「リターン」や「リスク」が大きいと言われますが、それは株式自体の変動に加えて、為替相場の変動も影響するためです。２つの変動要素があるわけですから、投資の結果を意味する「リターン」と、変動幅を意味する「リスク」の両方が大きくなるのは自明の理でしょう。

外国の株式のように、リターンやリスクが大きい、つまりハイリスク・ハイリターンの資産もあれば、国内の債券のようにリターンもリスクも小さい資産もあります。

これらの良い所取りをして、ローリスク・ハイリターンの資産があると良いのですが、そのような資産はありません。リターンが高ければリスクも高い、リスクが小さい資産を選べば期待できるリターンも小さくなります。

■バランス型投資信託も油断は禁物

105ページでは「バランス型投資信託はそれ1本だけでも分散投資効果がある」と述べましたが、じつはバランス型の投資信託であっても、安心とは言い切れません。**商品ごとにリスクが違う**ためです。

前述したように、バランス型投資信託は株式・債券・REITなど複数の資産で運用されていますが、全体のうちどの程度の割合を株式で運用しているかによって、リスクの大きさが変わるのです。

また、株式の割合が同じでも、そこに新興国株が含まれていると、よりハイリスク・ハイリターンになります。他にも、REITのリスクは株式のそれに比較的近いので、その場合は株式とREITを合わせた割合でリスクの大きさを判断することになります。

このように、「バランス型投資信託」と一言でいっても、内容はさまざまです。

バランス型投資信託の例

投資対象	指定指数の名称又は指定指数の数	投資信託名	運用会社
国内資産のみによるバランス型	2指数	日本株式・Jリートバランスファンド	岡三アセットマネジメント
	3指数	東京海上・円資産インデックスバランスファンド	東京海上アセットマネジメント
国内外の株式と債券によるバランス型	4指数	ダイワ・ライフ・バランス30	大和証券投資信託委託
		ダイワ・ライフ・バランス50	
		ダイワ・ライフ・バランス70	
		三井住友・DCターゲットイヤーファンド2040（4資産タイプ）	三井住友アセットマネジメント
		三井住友・DCターゲットイヤーファンド2045（4資産タイプ）	
国内外の株式・債券・REITによるバランス型	6指数	野村6資産均等バランス	野村アセットマネジメント
新興国を含む国内外の株式・債券・REITによるバランス型	8指数	iFree 8資産バランス	大和証券投資信託委託
		つみたてバランスファンド	りそなアセットマネジメント
		eMAXIS Slim バランス（8資産均等型）	三菱UFJ国際投信
		eMAXIS 最適化バランス（マイ ストライカー）	
		eMAXIS 最適化バランス（マイ ディフェンダー）	
		eMAXIS 最適化バランス（マイ フォワード）	
		eMAXIS 最適化バランス（マイ ミッドフィルダー）	
		eMAXIS バランス（8資産均等型）	
		つみたて8資産均等バランス	

なんだか難しいように感じるかもしれません。実際、バランス型の投資信託は、初心者から見ると中身が複雑すぎるように見えることもあるようです。

しかし、資産のカテゴリーごと（国内株式、外国債券等）の運用割合は、目論見書（139ページ参照）をはじめとする各種資料に必ず示されています。どの程度株式で運用しているのかなど、チェックする必要のあるポイントはいくつかありますが、理論的に効率の良い分散投資を行っている投資信託であることは間違いないので、やはり初心者こそ、このバランス型投資信託の活用を前向きに検討すると良いでしょう。

■年齢の変化に合わせたターゲット型

そして、もうひとつ気をつけたいポイントがあります。
バランス型投資信託は、常に変動する相場の中で一定のバランスを保ってくれる

ターゲットイヤー型投資信託の例

ファンド名	運用会社
三井住友・DC ターゲットイヤーファンド 2040（4 資産タイプ）	三井住友アセットマネジメント
三井住友・DC ターゲットイヤーファンド 2045（4 資産タイプ）	
eMAXIS マイマネージャー　1970s	三菱 UFJ 国際投信
eMAXIS マイマネージャー　1980s	
eMAXIS マイマネージャー　1990s	

ので、短期的な変動を気にせず積み立て続けることができます。

しかし、投資家の状況の変化には対応してくれません。

投資家の状況の変化とは、**年齢の変化**です。

年齢が高くなってくると、投資で失敗した場合に、その失敗を取り戻すだけの時間的な余裕がなくなります。そのため、年齢が高くなるにつれてリスクの低い運用を行うことは必須となります。

じつは、このような状況の変化を考慮し、年齢に合わせて自動的に少しずつリスクを減らしていってくれる投資信託もあります。そのような投資信託を**「ターゲットイヤー型」**といいます。

ターゲットイヤー型は、事前にある年（ターゲットイヤー）を定め、そのターゲットイヤーが近づいてくるに連れて、組み入れ資産の比率を変更していく投資信託です。

一般的に、ターゲットイヤーが近づいてくると、リスクの高い資産の組み入れ比率を引き下げ、その分、より安定的な資産の組み入れ比率を引き上げるような組み換えを行います。

仕組みを理解するのは難しくても、とりあえず理論的に自分に合った運用をしたいという人は、このようなターゲットイヤー型を選ぶと良いでしょう。

なお、ターゲットイヤー型を選ぶ際には、次のどちらかを選ぶのがセオリーです。

①自分が生まれた年に近い西暦が示されているもの
②自分が60歳になる頃の西暦が示されているもの

バランス型投資信託を選ぶ際のチェックポイントを次にまとめたので、参考にしてください。

【チェックポイント】
・資産に占める株式の割合
・新興国資産の有無
・ＲＥＩＴの有無・割合
・自分の年齢で許容できるリスク

■年齢やライフスタイルに合わせた投資信託の選び方

ここまで、どのような投資信託があるのかを見てきました。
とはいえ、具体的に商品を選ぶとなると難しいものです。

つみたてＮＩＳＡでは、日本全体で約６０００本ある投資信託が約１３５本にまで厳選されています（平成29年12月末）が、それでもたくさんの商品があるため、迷ってしまうことでしょう。加えて、どの金融機関でも同じ商品が揃えられているわけではありません。

そこで、証券会社から大和証券、銀行からはりそな銀行を代表に挙げ、それぞれで扱っている投資信託の中から、年齢やライフスタイル別に商品を選ぶ場合のヒントを示していきます。

①20歳代前半で独身の人

若いうちから積み立て投資を始めるのは、時間的な余裕が生まれるので良いことです。

ただ、漠然とお金を貯めるということにならないように、積み立てた資産で何をしたいのか、何を買いたいのかをあらかじめ明確にしておきましょう。

たとえば、５～10年後の結婚を見据えて積み立てるというのであれば、運用期間が長期とは言えません。長期間の運用を考えていないお金については、より安定的な運用をしたいところです。

そのような場合は、大和証券が取り扱っている「ダイワ・ライフ・バランス30」のように、株式比率の低い商品が向いています。株式比率の高いバランス型投資信託、あるいは株式のみで運用している投資信託では、どうしてもリスクが高くなってしまうためです。

一方、りそな銀行では株式比率の低い投資信託の取り扱いはないので、積立額をおさえながら、「つみたてバランスファンド」を毎月積み立てるという方法が考えられます。

商品ごとにリスクの高さは異なります。「ちょっとリスクが高いかな」と感じる商品であれば、少額ずつ積み立てることで、自分が持つ資産全体に対する影響を小さくするという工夫もできます。

②結婚して子どもが生まれた人

子どもが生まれると、学資保険への加入を考える人は多いでしょう。学資保険も良いのですが、今後はつみたてＮＩＳＡも選択肢に入れられるようになります。

この場合は、子どもの高校・大学への入学を見据え、15～18年といった期間での積み立てになると予想されるので、時間的な余裕を持つことができます。

加えて、教育費は年々高くなる傾向があるため、ある程度資産を成長させていく必要性もあると考えられます。

そこで、株式の投資割合が高めに設定されている投資信託の活用を検討してみたいところです。

「ダイワ・ライフ・バランス70」のようにバランス型でも株式比率の高いもの、あるいは新興国やＲＥＩＴ（不動産）も含めた分散投資を行う「ｉＦｒｅｅ８資産バランス」も良いでしょう。

また、先ほど出てきたりそな銀行の「つみたてバランスファンド」も有効でしょう。

なお、「ｉＦｒｅｅ８資産バランス」と「つみたてバランスファンド」は、資産構成に若干の違いはありますが、コンセプトとしては似ている商品となっています。

③お試しでちょっとだけ積み立ててみたい

「数万円単位の積み立てではなく、試しにちょっとだけ投資信託を購入してみたい」

という方もいるかもしれません。そのような方は、あえて分散投資をせず、値動きの分かりやすい投資信託を選ぶと良いでしょう。

大和証券の「iFree日経225インデックス」やりそな銀行の「Smart-i　日経225インデックス」は、日経平均株価と連動した値動きをするので、ニュースで「今日は株が上がりました」などと報道されているのであれば、おおむね同様の結果となります。

値動きをチェックすることで、どのようなときにその投資信託が値上がりするのか、値下がりするのかを学ぶこともできます。

また、あわせて大和証券の「年金積立Jグロース」などを積み立てることで、パッシブ運用とアクティブ運用との違いや共通点を理解することもできるでしょう。

④余裕資金で大きく儲けたい

できる限り資産を増やしたいという方には、リスクが高くなることを前提として、新興国の資産を組み込んだ投資信託が向いています。

資産の成長力という点では、新興国の魅力は抜きん出ています。そこに期待をかける形の投資です。

大和証券であれば「iFree新興国株式インデックス」、りそな銀行であれば「Smart-i 新興国株式インデックス」によって、高いリターンを狙うことができます。

⑤外国株式の成長力に期待したいけど、円高で損するのはイヤ

このような方には、為替ヘッジ付きの投資信託が向いています。

外国株式を組み込んだ投資信託には、たとえば大和証券の「iFree外国株式インデックス（為替ヘッジなし）」、りそな銀行の「Smart-i先進国株式インデックス」がありますが、これらは外国の株式が値上がりしても、円高が進行すると利益が少なくなったり、株式の値上がり以上に為替による損失を被る可能性もあります。

その点、為替ヘッジのある「iFree外国株式インデックス（為替ヘッジあり）」であれば、円高による損失を避けることができる仕組みとなっていて、為替相場の影響を受けないように保険がかけられています。

円安になっても収益が増えるといった期待はできませんが、為替リスクを回避したいというのであればこのような投資信託が合うでしょう。

なお、これらはあくまでも一例で、実際にはもっといろいろな種類の投資信託があり、選ぶものも人それぞれ異なるでしょう。他の金融機関の商品もあわせて検討し、自分の考え方や目的に合った商品を選んでください。

■資料の読み方

ここまで見てきたように、投資信託を選ぶ際には、投資対象、運用方針の2つを確認しておくことが欠かせません。

これらは、投資信託を購入する際に必ず渡される**投資信託説明書（交付目論見書）**に書かれています。よってここでは、その見方をおさえておきましょう。

例として、「サイズバランスファンド」という投資信託の目論見書を読んでみます。

■最初にチェックするのはここ

まずは①の「ファンドの特色」という欄を見てください。この欄で、その投資信託の基本的な仕組みを把握することができます。

また、各資産の運用割合がグラフで示されています。この部分から、「サイズバランスファンド50」は株式の成長力と債券の安定性をあわせ持った商品であることも分かります。

もし、より株式の成長力を優先したいということであれば「サイズバランスファンド70」、株式の成長力は期待したいけどちょっと怖いなと感じる人は「サイズバランスファンド30」を選ぶという方法も考えられます。

■2番目にチェックするのはここ

次に、その資産に対してどのようなスタンスで投資しているかという運用方針をチェックします。

ファンドの目的・特色

ファンドの目的

内外の株式および債券に投資し、長期的な信託財産の成長をめざして運用を行います。

①

ファンドの特色

内外の株式および債券に投資します。皆様のライフスタイルやリスク許容度に応じて資産配分の異なる以下の３つからお選びいただけます。

各資産の組入比率については、下記の標準組入比率を目処に投資を行ないます。

1　サイズバランスファンド50・スーパーバランス型

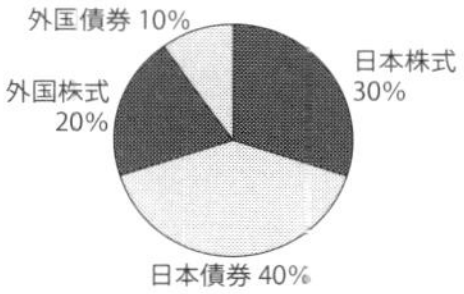

	日本	海外	合計
株式	30%	20%	50%
債券	40%	10%	50%
合計	70%	30%	100%

※資金動向等によっては組入比率を引き下げることもあります。

2　サイズバランスファンド70・株式重視型

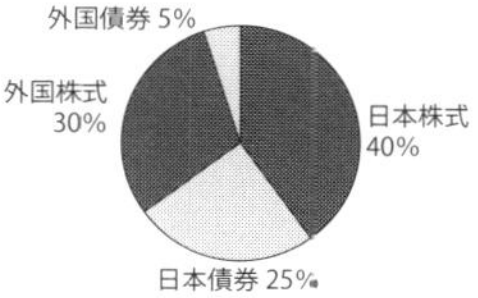

	日本	海外	合計
株式	40%	30%	70%
債券	25%	5%	30%
合計	65%	35%	100%

※資金動向等によっては組入比率を引き下げることもあります。

3　サイズバランスファンド30・債券重視型

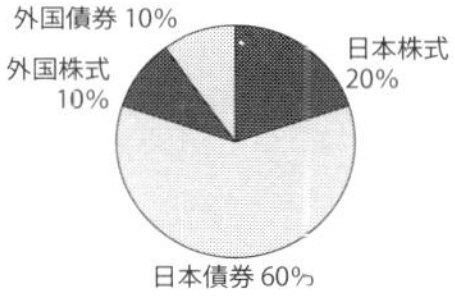

	日本	海外	合計
株式	20%	10%	30%
債券	60%	10%	70%
合計	80%	20%	100%

※資金動向等によっては組入比率を引き下げることもあります。

（現実には存在しない架空の投資信託目論見書です）

運用方針については、大きく「パッシブ運用」と「アクティブ運用」の2つに分けることができましたね。

②の部分を見ると、この投資信託は「合成ベンチマークに連動する」と書いてあるので、パッシブ運用であることが分かります。

ベンチマークとは、前述の通り、投資信託の値動きの基準となる指標のことです。頭に「合成」とついているのは、この投資信託は国内株式から外国債券までの4つの資産で運用しているため、それぞれの資産の指標を、それぞれの投資割合に応じて組み合わせてベンチマークとしているという意味です。その合成ベンチマークに連動させるように運用しています。

一言で言えば、いろんな資産を組み合わせているけど、ひとつひとつの資産はそれぞれのベンチマークに連動させるように運用しているという意味です。結果として、信託報酬が低め（144ページ「4番目にチェックするのはここ」を参照）になっています。

ここまで読み取ることができれば、その投資信託の8割は理解したと言っても過言ではありません。

ファンドの目的・特色

❷

ファンドの特色

各資産を標準組み入れ率に基づいて組み入れることで、合成ベンチマークに連動する投資成果をめざした運用をおこないます。

合成ベンチマークとは、資産ごとのベンチマークの騰落率を標準組入比率に準拠して指数化したものです。

資産ごとのベンチマーク(共通)

日本株式	東証株価指数（TOPIX）
日本債券	NOMURA-BPI総合指数
外国株式	MSCIコクサイ指数（配当込み・円ベース）
外国債券	シティ世界国債インデックス （除く日本、ヘッジなし・円ベース）

ファンドの仕組み

当ファンドは、ファミリーファンド方式で運用をおこないます。

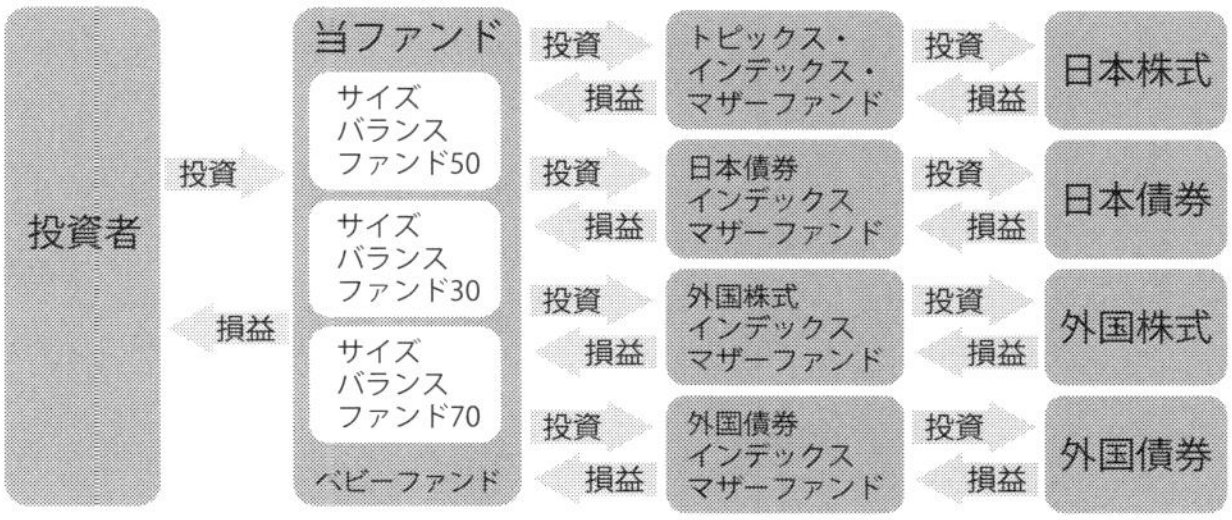

ファミリーファンド方式とは、投資者のみなさまからお預かりした資金をまとめてベビーファンド（当ファンド）とし、その資金を主としてマザーファンドの受益証券に投資して、実質的な運用をマザーファンドで行なう仕組みです。

■3番目にチェックするのはここ

その後に確認したいのは運用実績です。

③の基準価額の推移グラフによって、その投資信託が過去どのように値動きしたのかを確認することができます。

この投資信託は名前の通りバランス型の投資信託なので、比較的安定した値動きを示しています。

また、④の「年間収益率の推移」欄で、その年ごとの値動きを確認することができます。特に2008年にはリーマンショックがあったので、大きく値下がりしたことが分かります。

■4番目にチェックするのはここ

最後に気になるのが手数料です。

つみたてNISAで購入できるのは販売手数料のかからない投資信託のみに限定されているため、どの金融機関でも、どの投資信託でも、販売手数料は差し引かれません（ただし、ETFに関しては売買に手数料がかかります）。

運用実績（サイズバランスファンド50）

③

基準価額・純資産の推移

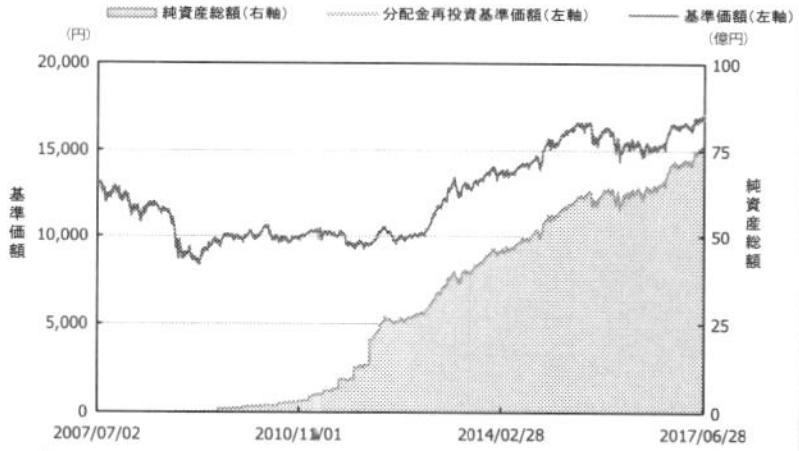

分配の推移

（１万口あたり、課税前）

決算期	分配金
2017月９月	５円
2016月９月	５円
2015月９月	５円
2014月９月	５円
2013月９月	５円
設定来累計	100円

主要な資産の状況

マザーファンド	投資比率	上位組入銘柄	業種	比率
日本株式マザーファンド	30%	１位　トヨタ自動車	輸送用機器	0.7%
		２位　日本電信電話	情報・通信業	0.6%
		３位　ソフトバンクグループ	情報・通信業	0.5%
日本債券マザーファンド	40%	１位　第128回利付（５年）国債	国債証券	0.5%
		２位　第192回利付（５年）国債	国債証券	0.5%
		３位　第224回利付（10年）国債	国債証券	0.5%
外国株式マザーファンド	20%	１位　APPLE INC	コンピュータ・周辺機器	0.5%
		２位　AMAZON.COM INC	通信販売・ネット販売	0.3%
		３位　MICROSOFT CORP	ソフトウェア	0.2%
外国債券マザーファンド	10%	１位　US TREASURY BOND	国債証券	0.1%
		２位　US TREASURY N/B	国債証券	0.1%
		３位　US TREASURY BOND	国債証券	0.1%

・ファンドの「年間収益率」は、「分配金再投資基準価額」の騰落率です。ベンチマークの「年間収益率」は上記ベンチマークのデータに基づき当社が計算したものです。
・2017年は6月30日までの騰落率を表しています。

④

年間収益率の推移

・当該ベンチマークの情報はあくまで参考情報として記載しており、ファンドの運用実績を表したものではありません。

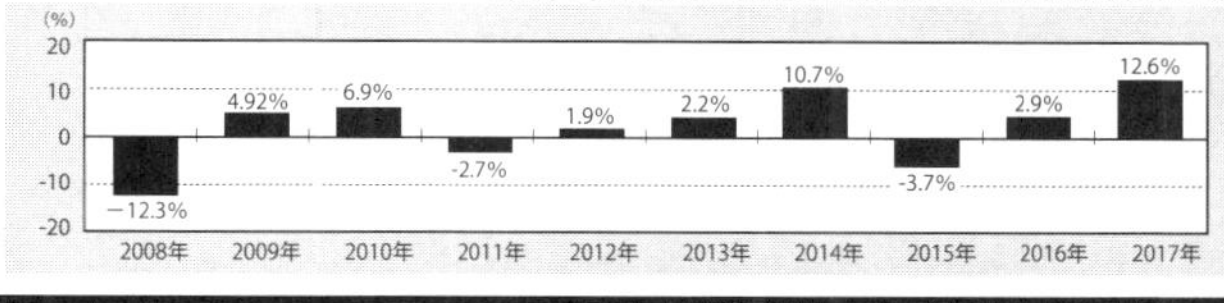

このように、販売手数料のかからない投資信託のことを略して「ノーロード」と呼んでいます。「ロード（load）」には上乗せするという意味があり、手数料を上乗せしないので、「ノーロード投資信託」あるいは「ノーロードファンド」と呼んでいます。

「信託財産留保額」は主に解約時に差し引かれるものですが、多くの投資信託で差し引かれなくなっています。もし信託財産留保額が差し引かれる場合でも、長期投資が前提となるつみたてＮＩＳＡでは、影響が軽微なことがほとんどなので、商品を選ぶときに重要視しなくても良いでしょう。

手数料の中でもっとも注目したいのは⑤の **「運用管理費用（信託報酬）」** です。これは管理手数料のようなもので、随時差し引かれるものです。投資が長期間に及ぶほど影響が大きくなります。

ただし、つみたてＮＩＳＡで選択できる投資信託は、この信託報酬率が比較的低くなっているものがほとんどです。

傾向としては、アクティブ型の投資信託はこの信託報酬率が高くなりやすいので、

手続き・手数料等

ファンドの費用

投資者が直接的に負担する費用

購入時手数料	ありません
信託財産留保額	ありません

投資者が信託財産で間接的に負担する費用

⑤

運用管理費用（信託報酬）	サイズバランスファンド50 年率0.023%		運用管理費用の総額は、毎日、信託財産の純資産総額に対して左記の率を乗じて得た額とします。運用管理費用は、毎計算期間の最初の6か月終了日（休業日の場合翌営業日）および毎計算期末または信託終了のときに信託財産中から支弁します。
	サイズバランスファンド70 年率0.023%		
	サイズバランスファンド30 年率0.022%		
運用管理費の配分	委託会社	年率0.005%	委託資金の運用、基準価額の算出、開示資料作成の対価等
	販売会社	年率0.006%	口座内でのファンドの管理、各種書類の送付、購入後の情報提供等
	受託会社	年率0.003%	運用財産の管理、委託会社からの指図の実行等
その他の費用・手数料	有価証券の売買・保管・信託事務にかかる諸費用、外貨建て資産の保管の諸費用、監査法人に支払うファンドの監査にかかる費用などをご負担いただきます。これらの費用は、運用状況等により変動するものであり、事前に料率、上限額を示すことができません。		

ファンドの税金

時期	項目	税金
分配時	所得税、地方税および復興特別所得税	配当所得として課税 普通分配金に対して20.315%
換金（解約）時および償還時		譲渡所得として課税 換金（解約）時および償還時の差益（譲渡益）に対して20.315%

上記の表は、個人投資者の源泉徴収時の税率であり、課税方法等により異なる場合があります。

税金は表に記載の時期に適用されます。

前払退職金等の積立てを目的とした定時定額購入等により受益権を取得した場合、上記にかかわらず、次の取扱いとなります。

受益者が確定拠出年金法に規定する資産管理機関および連合会等の場合は、所得税および地方税がかかりません。

どの程度かかるのかについて、しっかりと確認しておいた方が良いでしょう。目安として、信託報酬率が0・5%を上回るものに関しては、それに見合った運用の工夫をしているのかをチェックしておきたいものです。その結果、もし納得できるのであれば、もちろんその商品を選んでも良いでしょう。

必ずしも「信託報酬が低い投資信託＝良い投資信託」というわけでもないので、信託報酬ばかりに注目しないようにしましょう。

5章　専用口座を作ろう

どこで口座を開く?

つみたてNISAを始めるときにまず頭を悩ませるのが「どこの金融機関で口座を開くか?」ということです。

つみたてNISAでは、金融機関選びがとても重要になります。なぜなら、**金融機関によって取り扱う投資信託が異なる**からです。

そもそも、つみたてNISAで購入できる投資信託は、金融庁によって「法令上の要件が満たされた」としてリストアップされたもののみです。なおかつ、各金融機関が取り扱っているのは、そのリストから各機関がそれぞれ厳選した投資信託だけとなるため、オリジナルのラインナップとなるのです。

152、153ページの図は、平成29年12月の時点で分かっている各金融機関のラインナップの一部です。値動きの基準となる指数も併記しています。

注意したいのは、一覧表にある「運用会社」とは、その名の通り投資信託を運用している会社であり、その投資信託を販売している会社ではないという点です。
たとえば「野村アセットマネジメント」と記されていても、野村證券のつみたてＮＩＳＡで購入できるとは限りません（セゾン投信のように、運用会社がみずから投資信託を販売するケースもあります）。

つまり、自分が積み立てたいと思った商品を取り扱っている金融機関を選ばないと、その投資信託を購入することができなくなってしまうということです。

だからこそ、金融機関選びがとても重要になるのです。

自分自身で商品を選ぶことができる人は、積み立てる商品のめどをつけてから、その商品を取り扱っている金融機関を選ぶと良いでしょう。

自分で投資信託を選ぶのは難しいという人は、ご自身の考え方や状況に合わせて金融機関選びから始めてみましょう。

大手の銀行や証券会社の多くがつみたてＮＩＳＡを取り扱っています。選択肢が多くて迷ってしまうかもしれないので、金融機関を選ぶときの目安を記します。

アクティブ型投資信託			
国内・海外	投資の対象としている資産の区分	投資信託名	運用会社
国内型	株式	コモンズ 30 ファンド	コモンズ投信
		大和住銀 DC 国内株式ファンド	大和住銀投信投資顧問
		年金積立　J グロース	日興アセットマネジメント
		ニッセイ日本株ファンド	ニッセイアセットマネジメント
		ひふみ投信	レオス・キャピタルワークス
		ひふみプラス	
	株式及び公社債	結い 2101	鎌倉投信
外国型	株式	セゾン資産形成の達人ファンド	セゾン投信
		フィデリティ・欧州株・ファンド	フィデリティ投信
	株式及び公社債	セゾン・バンガード・グローバルバランスファンド	セゾン投信
		ハッピーエイジング 30	損保ジャパン日本興亜アセットマネジメント
		ハッピーエイジング 40	
		世界経済インデックスファンド	三井住友トラスト・アセットマネジメント
	株式及びＲＥＩＴ	フィデリティ・米国優良株・ファンド	フィデリティ投信
	株式、公社債、及びＲＥＩＴ	のむラップ・ファンド（積極型）	野村アセットマネジメント

ＥＴＦ型投資信託		
指定指数の名称	投資信託名	運用会社
TOPIX	ダイワ上場投信－トピックス	大和証券投資信託委託
日経平均株価	ダイワ上場投信－日経 225	
JPX 日経インデックス 400	ダイワ上場投信－JPX 日経 400	

※ここでは、111 ～ 131 ページに掲載したもの以外のものを掲載しています。

つみたてNISA 対象商品（抜粋）

インデックス型投資信託				
指数	国内・海外	指定指数の名称又は指定指数の数	投資信託名	運用会社
単一指数	国内株式	JPX 日経インデックス400	iFree JPX 日経 400 インデックス	大和証券投資信託委託
			［購入・換金手数料なし］ニッセイ JPX 日経 400 インデックスファンド	ニッセイアセットマネジメント
			野村インデックスファンド・JPX 日経 400	野村アセットマネジメント
			SMT　JPX 日経インデックス 400・オープン	三井住友トラスト・アセットマネジメント
			eMAXIS JPX 日経 400 インデックス	三菱 UFJ 国際投信
	外国株式	MSCI ACWI Index	全世界株式インデックス・ファンド	ステート・ストリート・グローバル・アドバイザーズ
			野村つみたて外国株投信	野村アセットマネジメント
			三井住友・DC つみたて NISA・全海外株インデックスファンド	三井住友アセットマネジメント
			eMAXIS 全世界株式インデックス	三菱 UFJ 国際投信
	アメリカ株式	S&P500	米国株式インデックス・ファンド	大和証券投資信託委託
			iFree S&P500 インデックス	岡三アセットマネジメント
複数指数（バランス型）	国内型	2指数	日本株式・Jリートバランスファンド	ステート・ストリート・グローバル・アドバイザーズ
	国内・外国	3指数	ニッセイ・インデックスパッケージ（内外・株式）	ニッセイアセットマネジメント
		5指数	ニッセイ・インデックスパッケージ（内外・株式／リート）	
			野村インデックスファンド・海外5資産バランス	野村アセットマネジメント

なお、つみたてＮＩＳＡでは一度決めた金融機関を1年間変更できないので、「あの投資信託を積み立てたかったのに選べなかった」ということのないように気をつけましょう。

■つみたてＮＩＳＡで初めて投資をするという方

このような方は、銀行や証券会社の窓口などで相談しながら決めた方が良いかもしれません。

特につみたてＮＩＳＡでは、長期にわたって金融機関と付き合うことになる可能性が高く、「失敗したらすぐに売ればいいや」と簡単に考えられる仕組みにはなっていません。よく分からないまま適当に選んでしまうのではなく、専門家のアドバイスを参考にしながら、じっくりと検討した方が良いでしょう。

場合によっては、つみたてＮＩＳＡではなく確定拠出年金（１９４ページ参照）などの他の制度を利用した方が良いケースもあるでしょう。

総合的なライフプランも考えて、「毎月いくらずつだったら積み立てることができるか」といった点など、総合的なアドバイスを無料でしてくれる金融機関もあるようです。なかには、日曜祝日にも相談に応じてくれる金融機関もあります。コールセンターも含めたサポート体制を利用しましょう。

■とにかくたくさんの投資信託の中から選びたいという方

このような方は、インターネット系の証券会社を利用した方が良いでしょう。

大手の証券会社や銀行は、初心者でも商品を選びやすいように、あえて取扱商品を絞り込んでいる傾向があります。選択肢を増やしたいという人は、インターネット系証券会社を検討した方が良いでしょう。

なお、インターネット系証券会社の中でも、１００種類もの投資信託を取り扱うところもあれば、数十種類程度におさえているところもあるので、数社のラインナップを見比べてみる必要があります。

■選択肢が多すぎると面倒なので、ある程度種類を限定してほしいという方

前述の通り、大手の証券会社や銀行では、あえて取扱商品数を絞り込む傾向があります。最大手の証券会社と言われる野村證券でも、取扱商品は4種類のみとなっ

ています。大和証券は15種類、ＳＭＢＣ日興証券はつみたてＮＩＳＡを直接取り扱わず、三井住友銀行を紹介するという形をとっています。三菱東京ＵＦＪ銀行は12種類、三井住友銀行とみずほ銀行は3種類、りそな銀行は4種類、三井住友信託銀行は6種類を取り扱っています（平成29年12月）。

商品数が少ないと選択肢が狭まるように見えるかもしれませんが、似たような商品がたくさんあるよりも、あらかじめ厳選されていた方が選びやすいという側面もあります。金融機関が「長期間積み立てる」ことを考慮して厳選した商品ばかりなので、リストアップされた商品の中から自分に合ったものを選ぶと良いでしょう。

■アドバイスは要らない、自分で商品を選びたいという方

ある程度投資に慣れている人なら、前述の通りインターネット系の証券会社でつみたてＮＩＳＡを行う方が向いています。

ただし、自分でしっかりと商品内容を理解しなければならないので、目論見書の読み方はマスターしておくことが必要です。当然、手続きはパソコンやスマートフォンでの入力が中心となるので、ある程度のＩＴスキルも必要です。

ただし、インターネット系の証券会社もセミナー等を開催してウェブの使い方を解説しているケースがあるので、そういった機会を利用して自分でもできるかどうかを判断しても良いでしょう。

■銀行と証券会社、どっちが良い？

これは一概にどちらが良いと判断するのが難しい点です。銀行同士でも、証券会社同士でも違いがあります。

ただ、大まかにメリットを比較すると以下のようになります。

証券会社……投資に関する情報が充実している

銀行……預金・ローン等の投資信託以外の商品も充実している

「せっかく投資を始めるんだから、様々な情報を活用してしっかりと投資したい」という方は証券会社、「預貯金等も含めて幅広く資産構成を検討したい」という方は銀行の方が向いているかもしれません。

もちろん、幅広く資産構成の相談に乗ってくれる証券会社もありますし、メールマガジン等によって投資関連の情報提供を続けている銀行もあります。よって、それぞれの特徴を自分自身で感じ取ってから選んでも良いでしょう。

なお、中にはつみたてＮＩＳＡを取り扱っていない金融機関や、しばらく様子を見てから開始するという所もあるかもしれません。そのあたりの判断は金融機関ごとに異なるので、不明な点があれば、コールセンターや窓口で確認してください。

新しく積み立てを始めようとしても、いろいろと手続きが面倒に思えて「やっぱり止めた」となってしまう人もいるようです。

しかし、一度始めてしまえば、あとは自然と資産が積み上がっていくのがつみたてＮＩＳＡの良いところです。面倒に思える手続きも、あらかじめ分かっていれば苦にならないものです。

そこで、ここからはケーススタディとして、つみたてＮＩＳＡを証券会社・銀行のそれぞれで始める場合の手続きを見てみましょう。

証券会社は大和証券、銀行はりそな銀行を例に挙げています。前者ではインターネットでの申し込み、後者では窓口での申し込み方法を中心に紹介していきます。

なお、インターネット系の証券会社は、店頭窓口に行って口座開設手続きを行うことはできません。また、一部の金融機関ではインターネットによる手続きに対応せず、店頭窓口あるいは営業担当者による手続きのみとなるところもあるようです。

■つみたてＮＩＳＡの始め方……大和証券にインターネットで申し込む

①インターネットで相談・申し込みをする

銀行にはＡＴＭの利用などで足を踏み入れることにも慣れていると思いますが、証券会社となると、少しハードルが高いと感じる方も多いことでしょう。地方であれば、証券会社がどこにあるのか分からないという方もいるはずです。

現在は店舗に足を運ばなくても、ネット上でＮＩＳＡ口座開設の申し込みができるので、ホームページを見て「一人でもできそうだな」と感じた人は、そのままホームページで資料請求や口座開設の申し込みを行うことができます。

大和証券の場合は、オンライントレードやコンタクトセンター等を通じて取引できる「ダイワ・ダイレクト」コースが用意されています。

希望に応じて窓口で相談をすることも可能なので、ネット上で口座開設をした場合も、店舗の場所等、基本的な情報はおさえておいた方が良いでしょう。

一方、「やっぱり一人では不安だな」という方は、窓口に行って相談してみましょう。その場合は、担当者からアドバイスや投資情報の提供を受けながらじっくり取引できる「ダイワ・コンサルティング」コースを利用することになります。

②総合取引口座を開設する

インターネット経由でも窓口でも、つみたてＮＩＳＡを始めるためには、総合取引口座の開設が必要です。これは、どの証券会社でも同様です。

総合取引口座の中には、一般口座や特定口座といったものがありますが、この2

口座開設の申し込み方法例

	ダイワ・ダイレクト		ダイワ・コンサルティング
共通サービス	ダイワの証券総合サービス ダイワのツインアカウント※1 ダイワのプレミアムサービス※2		
問い合わせ・事務手続き窓口	店舗 ・商品内容の説明 （オンライントレード） ・各所事務手続きの受付 ・ＡＴＭの利用 ・各種セミナーの開催 等	コンタクトセンター ・商品内容の説明 ・資料および事務手続き書類等の請求 ・オンライントレードに関する問い合わせ等	インターネット （オンライントレード） ・投資情報の提供 ・資産管理 ・資料の請求 等
取扱商品	各コースで異なる		
投資相談	店舗窓口にて投資相談、アドバイスを受けられる		支店担当者による投資相談、アドバイスを受けながら取引できる
注文窓口	店舗　インターネット		店舗　インターネット コンタクトセンター

※1…「大和ツインアカウントとは、大和証券の証券口座と大和ネクスト銀行の預金口座の両方を解説し、これらを連携させることによって証券と銀行の両方のサービスを受けることができるもの。
※2…「ダイワのツインアカウント」が必須

（大和証券総合取引口座申込書資料をもとに作成）

つをまとめて「課税口座」と呼ぶこともあります。その名の通り、運用で得た利益分に対して税金がかかる口座です。

これらの課税口座を使わなければいけないというルールはありません。〝税金がかかってもいいからもっと高額な取引をしたい〟という人は一般口座や特定口座を利用することになりますが、ＮＩＳＡ口座だけの利用でもまったく問題ありません。

開設にはマイナンバーや免許証等の本人確認書類が必要です。個人番号カードがあればそれのみでかまいませんが、その他の書類の場合は左の図のような組み合わせで、２種類以上が必要になる場合があります。これらを用意して手続きを行いましょう。

③ＮＩＳＡ口座を開設する

総合取引口座を開設したら、いよいよつみたてＮＩＳＡ口座を開設します。

ＮＩＳＡ口座は、正式には「非課税口座」といいます。運用によって利益が出ても非課税となる口座だからです。

ＮＩＳＡ口座はさらに、「ＮＩＳＡ勘定」と「つみたてＮＩＳＡ勘定」に分かれ

口座開設に必要な書類

個人番号（マイナンバー）確認書類		本人確認書類
個人番号カード 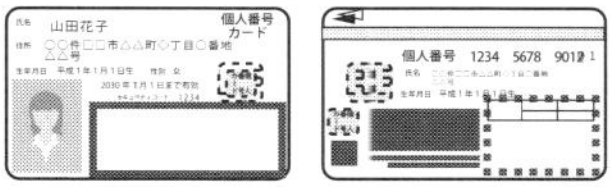 （郵送の場合は裏表のコピーを提出）	＋	不要 （郵送の場合は AまたはBのうちいずれか１点）
通知カード 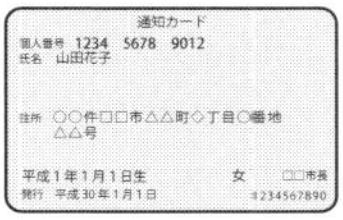 （郵送の場合は表のコピーを提出）	＋	Aのうちいずれか１点 または Bのうちいずれか２点 （郵送の場合は AまたはBのうち いずれか２点）
個人番号（マイナンバー） の書かれた住民票の写し または 住民票記載事項証明書	＋	AまたはBのうち 「住民票の写し」 「住民票記載事項証明書」 以外のいずれか１点

本人確認書類の例

A　顔写真付き	B　顔写真付き以外
・運転免許証 （運転経歴証明書） ・パスポート ・身体障害者手帳 ・在留カード ・特別永住者証明書 ・住民基本台帳カード （顔写真付きのもの）	・住民票の写し ・住民票記載事項証明書 ・健康保険証 ・年金手帳 ・印鑑証明書

※「住民票の写し」「住民票記載事項証明書」の組み合わせは使用できない
※住所を変更している場合、運転免許証や健康保険証等は現在の住所等が記載された裏面コピーも必要

（大和証券総合取引口座申込書資料をもとに作成）

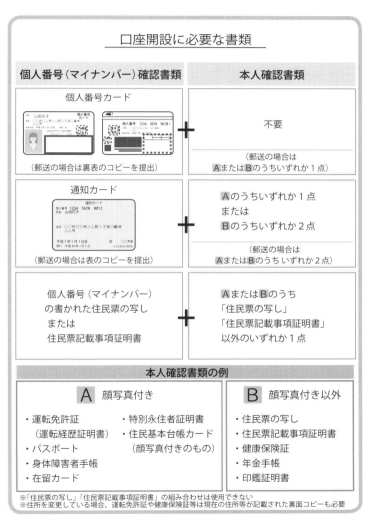

証券会社の口座のイメージ

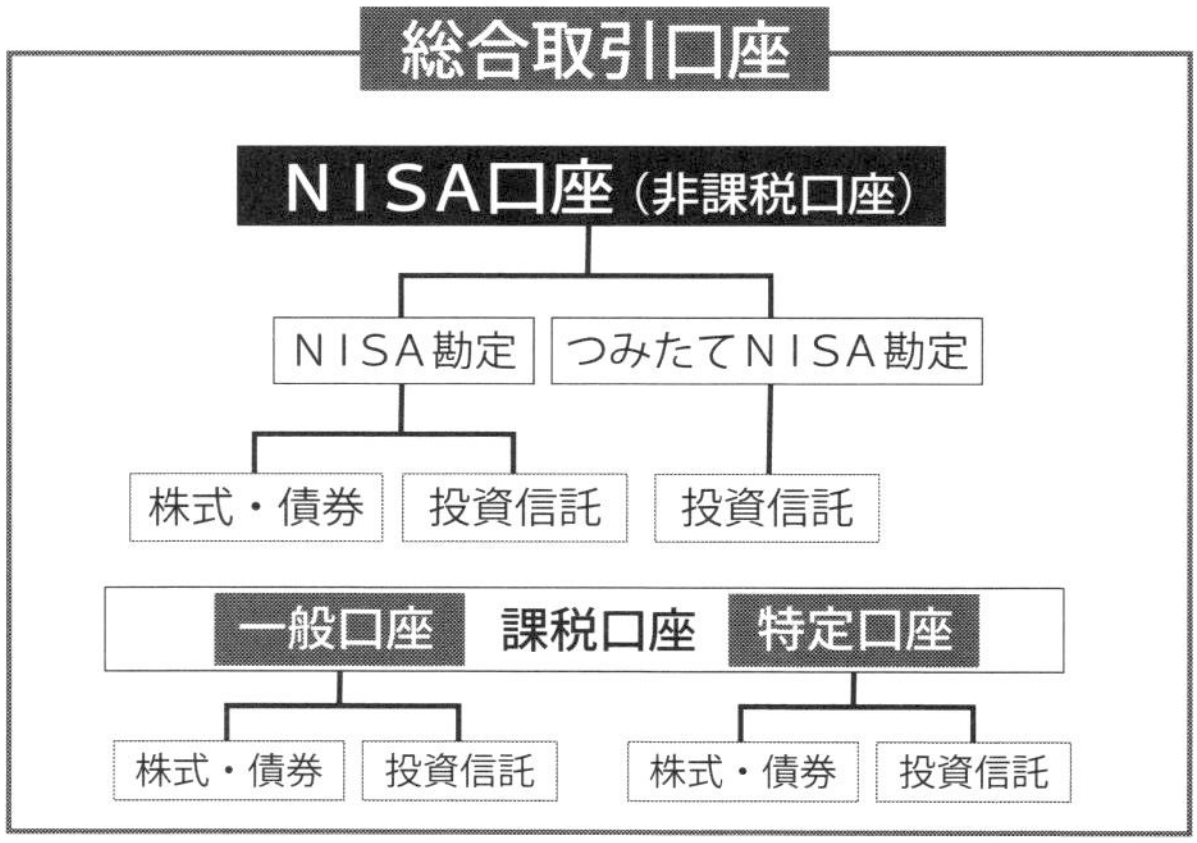

ています。通常は、ＮＩＳＡ口座を開設する際にどちらかを選ぶことになります。

「ＮＩＳＡ勘定」とは、これまで「一般ＮＩＳＡ」と記してきたもので、年間最高投資額１２０万円まで、最長５年間非課税で運用できる勘定です。

一方、つみたてＮＩＳＡは年間最高投資額40万円まで、最長20年間非課税で運用できる勘定です。この選択は毎年変更することも可能です。

なお、大和証券では、総合取引口座の開設と合わせてＮＩＳＡ口

口座の種類と機能

	つみたてNISA	一般口座	特定口座
投資額	年間40万円まで	無制限	
投資期間	基本的に20年以内	無制限	
株式の購入	できない	できる	
法人名義	できない	できる	できない
税金	非課税	課税	
確定申告	なし	あり	あり／なし※
同口座内・他口座との通算	できない	できる（確定申告が必要）	
損失の繰越控除	できない	できる（確定申告が必要）	

※「源泉徴収あり」を選択すればなし

座の開設ができるようになっています。

　また、すでに総合取引口座を持っている人も、新たに「ＮＩＳＡ口座」を開設する手続きが必要になります。


　ＮＩＳＡ口座の開設を申し込むと、証券会社から税務署へＮＩＳＡ口座の開設の申請が行われます。

　税務署での確認が完了すると、税務署から証券会社へＮＩＳＡ口座開設の確認通知が行われ、その後、証券会社から口座開設者にＮＩＳＡ口座開設完了の連絡があり、いよいよＮＩＳＡでの取引が可能となります。

この間、約３週間～４週間を要すると言われます。つまり、「つみたてＮＩＳＡを始めたい」と思ったその日に積み立てを始めることはできないのです。

余裕を持って口座を開設しておくことが必要です。

ちなみに、一般ＮＩＳＡでは、上場企業の株式を購入したり、ＥＴＦ（54ページ参照）やＲＥＩＴ（55ページ参照）を購入することも可能です。その場合、配当金あるいは分配金が発生することも考えられますが、その収益を非課税とするためには、「株式数比例配分方式」を選択するという手続きが必要となります。

つみたてＮＩＳＡでもＥＴＦを積み立てることができる金融機関があるので、ＥＴＦを購入する場合はこの「株式数比例配分方式」を選択すると良いでしょう。

ただ、つみたてＮＩＳＡでＥＴＦを取り扱う金融機関は少ないので、特にＥＴＦに興味はないという人は気にしなくても結構です。

なお、ＮＩＳＡ口座は一人一口座となっているので、その口座開設を狙って、金融機関はそれぞれ特典を設けています。これらの特典は期間限定となっていることが多いので、上手に活用しましょう。

④積み立てを開始する

前述したように、ＮＩＳＡ口座は「ＮＩＳＡ勘定」と「つみたてＮＩＳＡ勘定」に分かれています。ＮＩＳＡ勘定でも積み立てることは可能ですが、非課税投資期間が５年と短くなってしまいます。20年間の積み立てを考えてつみたてＮＩＳＡ勘定を選択したら、本格的に投資信託を選ぶことになります。

投資信託選びの際には、次の３つを決めることになります。

１・積み立てたい商品
２・積立買付頻度
３・継続できる積立額

買付頻度と上限額

買付頻度	上限額
毎月	33,333円
2ヵ月ごと	66,666円
3ヵ月ごと	100,000円
4ヵ月ごと	133,333円
半年ごと	20,000円

1の「積み立てたい商品」については、4章を参考にしてじっくり考えたうえで決めてください。

そしてもうひとつ、しっかりと検討したいのが2の「積立買付頻度」です。

積立買付頻度とは、1年間で何度投資信託を購入するかを決めるものです。

大和証券のつみたてNISAでは、「毎月ごと」ということであれば、1年間で12回、「2ヵ月ごと」であれば6回、「3ヵ月ごと」は4回、「4ヵ月ごと」は3回、「半年ごと」であれば2回に分けて購入することになります。

なお、金融機関によっては、毎月の積み立てのみとしているところもあります。〝給料の一部をつみたてNISAで積み立てていく〟ということであれば、毎月コツコツ続けると良いでしょう。

また、〝半年に1回、ボーナス時に貯めたい〟ということであれば、「半年毎」を選ぶことになります。このあたりは、ご自身の収入を含めたライフプランに合わせて検討しましょう。

3の「継続できる積立額」は、右の表の上限額の範囲内で選択することになります。年間の非課税額の上限は40万円で、買付頻度次第で図のようになります。無理なく続けられる金額で積み立てを始めましょう。

ちなみに、大和証券では1000円以上から1円単位で積み立てることができます。

積み立てを毎月する場合は、ここまで何度か書いたように、5000円程度から始めてみると良いでしょう。

積み立てたい商品・積立買付頻度・積立額が決まったら、いよいよ手続きの開始です。

自分で手続きを行いたいという人は、オンライントレードを利用することになります。実際の画面を見ながら手順を確認してみましょう。

◆つみたてＮＩＳＡの始め方……大和証券にインターネットで申し込む◆

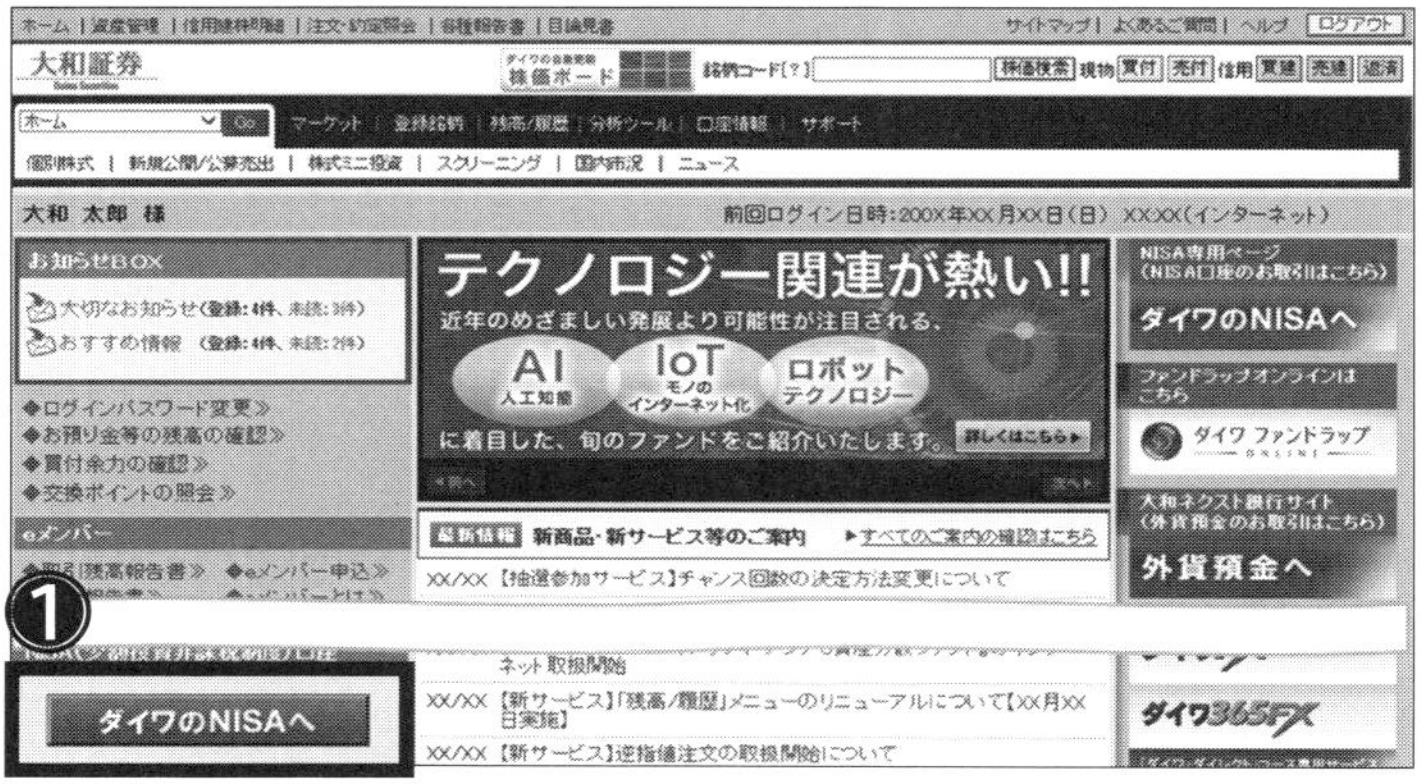

大和証券のホームページからオンライントレードへログインしたら、メインメニューの左側に表示される①「ダイワのＮＩＳＡへ」をクリックします。

ＮＩＳＡのページに移動したら、②「投信積立」をクリックします。「つみたてＮＩＳＡ」と書かれていないので不安になるかもしれませんが、気にせず進みましょう。

その後、画面上部の③「積立設定」を選択して、買い付けたい投資信託の右側にある「設定」をクリックします。

NISAトップへ
ダイワのNISA
NISAについて
ログアウト
大和 太郎 様
大和証券
2
積立投資
投信積立
お取引
国内株式（現物取引）
投資信託
株式ミニ投資
注文・約定照会
資産管理
残高サマリー
保有証券一覧
株式リアル残高
勘定年別残高
取引履歴
取引履歴明細
売買損益明細
非課税枠利用状況
金銭振替
電子交付

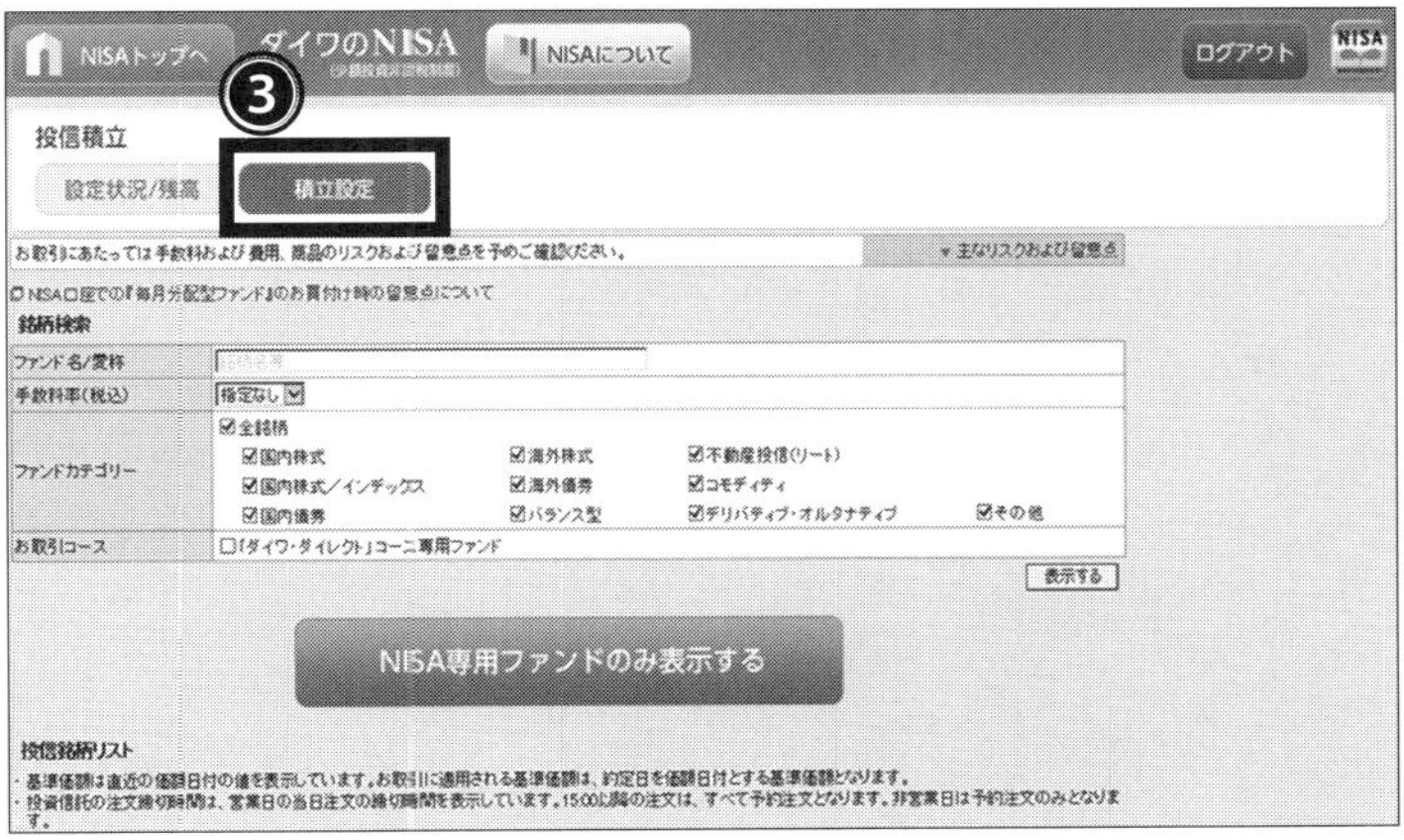
NISAトップへ
ダイワのNISA
NISAについて
ログアウト
3
投信積立
設定状況/残高
積立設定
銘柄検索
ファンド名/愛称
手数料率(税込)
ファンドカテゴリー
お取引コース
表示する
NISA専用ファンドのみ表示する
投信銘柄リスト

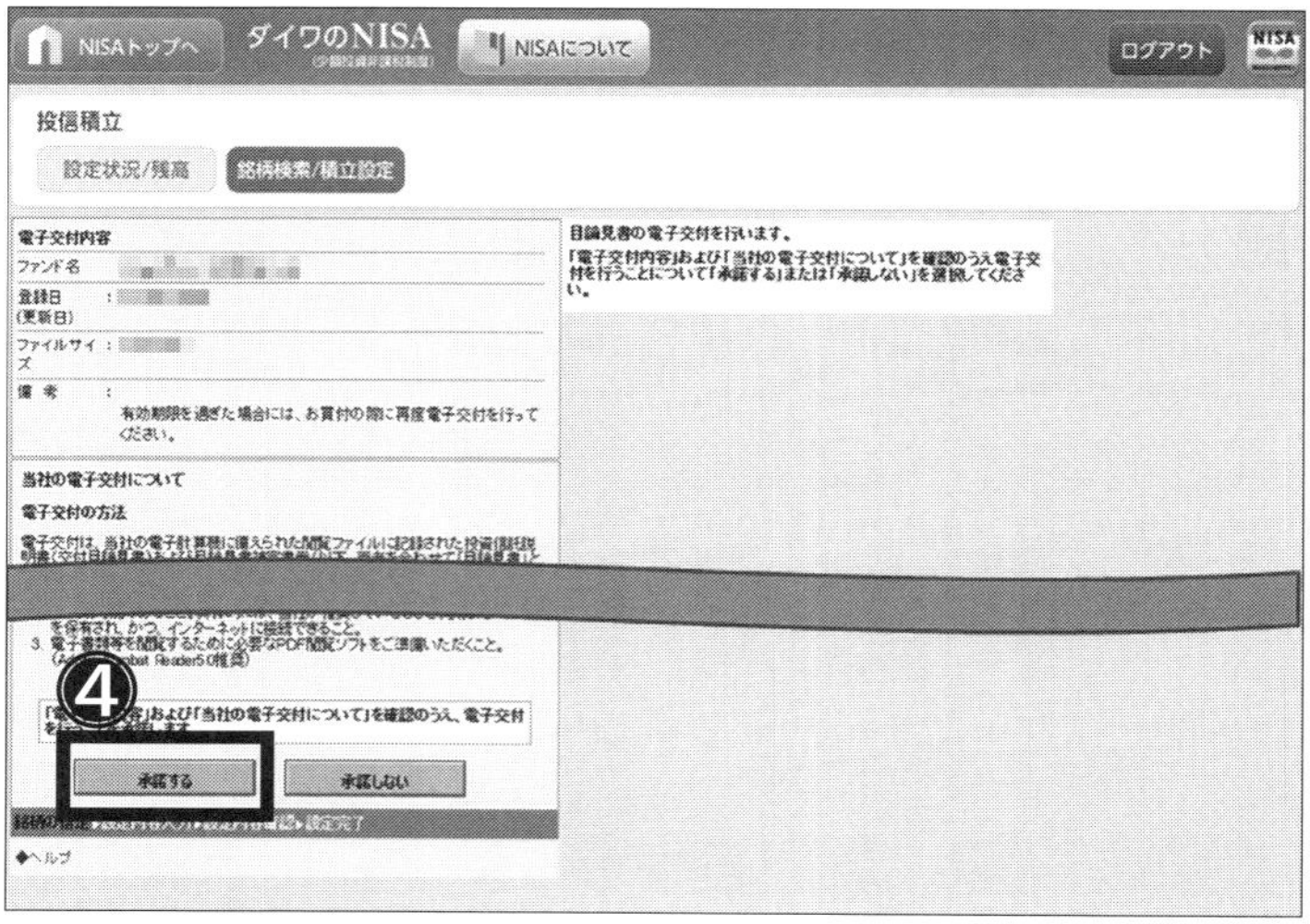

次に、目論見書の電子交付方法について確認し、④「承諾する」をクリックします。

目論見書を確認したら、⑤「注文を続ける」をクリックします。なお、目論見書の見方に関しては１４０ページから記載しています。

そして、⑥「買付頻度」、「積立月」、「積立日」、「積立金額」を選択・入力し、⑦「設定内容を確認」をクリックします。

その後、確認画面で確認して暗証番号を入力し、設定ボタンをクリックすれば手続き完了です。

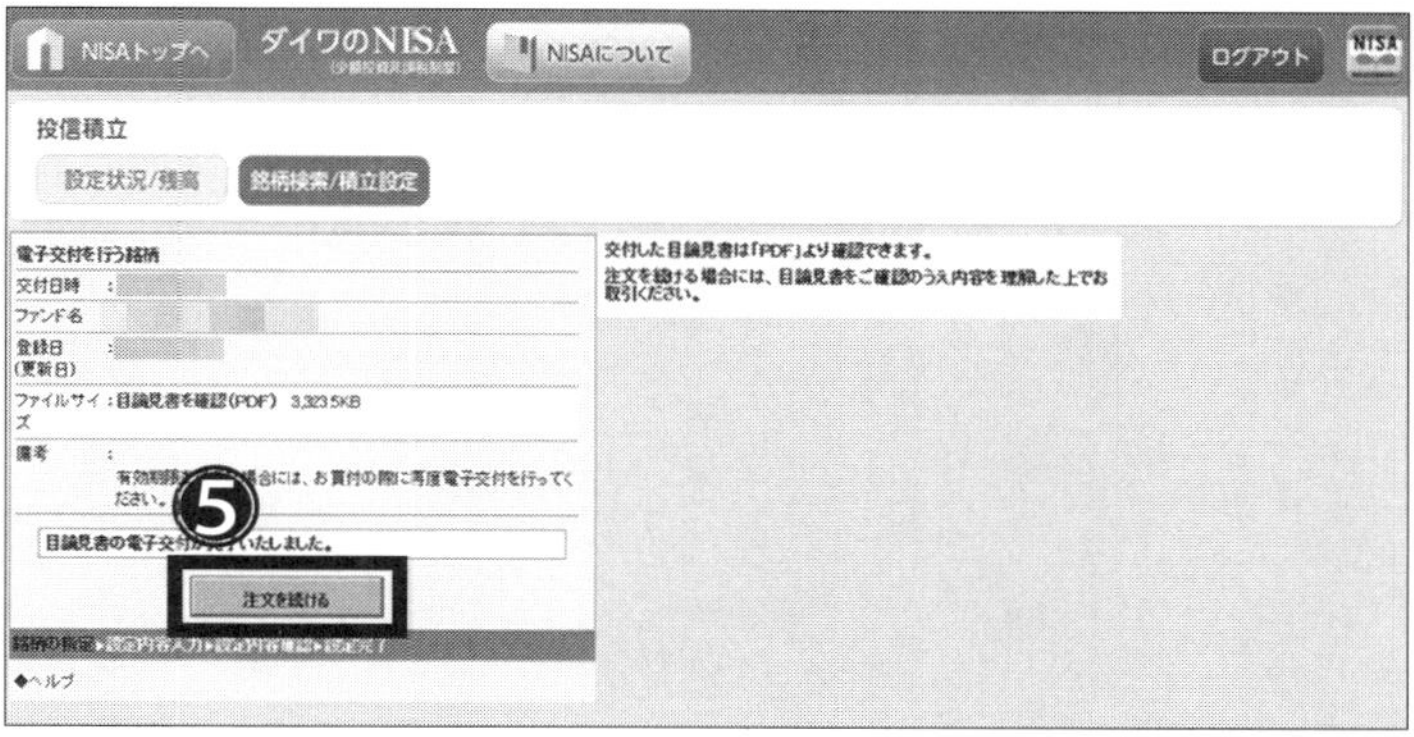
NISAトップへ
ダイワのNISA
NISAについて
ログアウト
投信積立
設定状況/残高
銘柄検索/積立設定
電子交付を行う銘柄
交付日時
ファンド名
登録日(更新日)
ファイルサイズ：目論見書を確認(PDF) 3,323.5KB
備考
目論見書の電子交付 いたしました。
注文を続ける
交付した目論見書は「PDF」より確認できます。
注文を続ける場合には、目論見書をご確認のうえ内容を理解した上でお取引ください。
◆ヘルプ
5

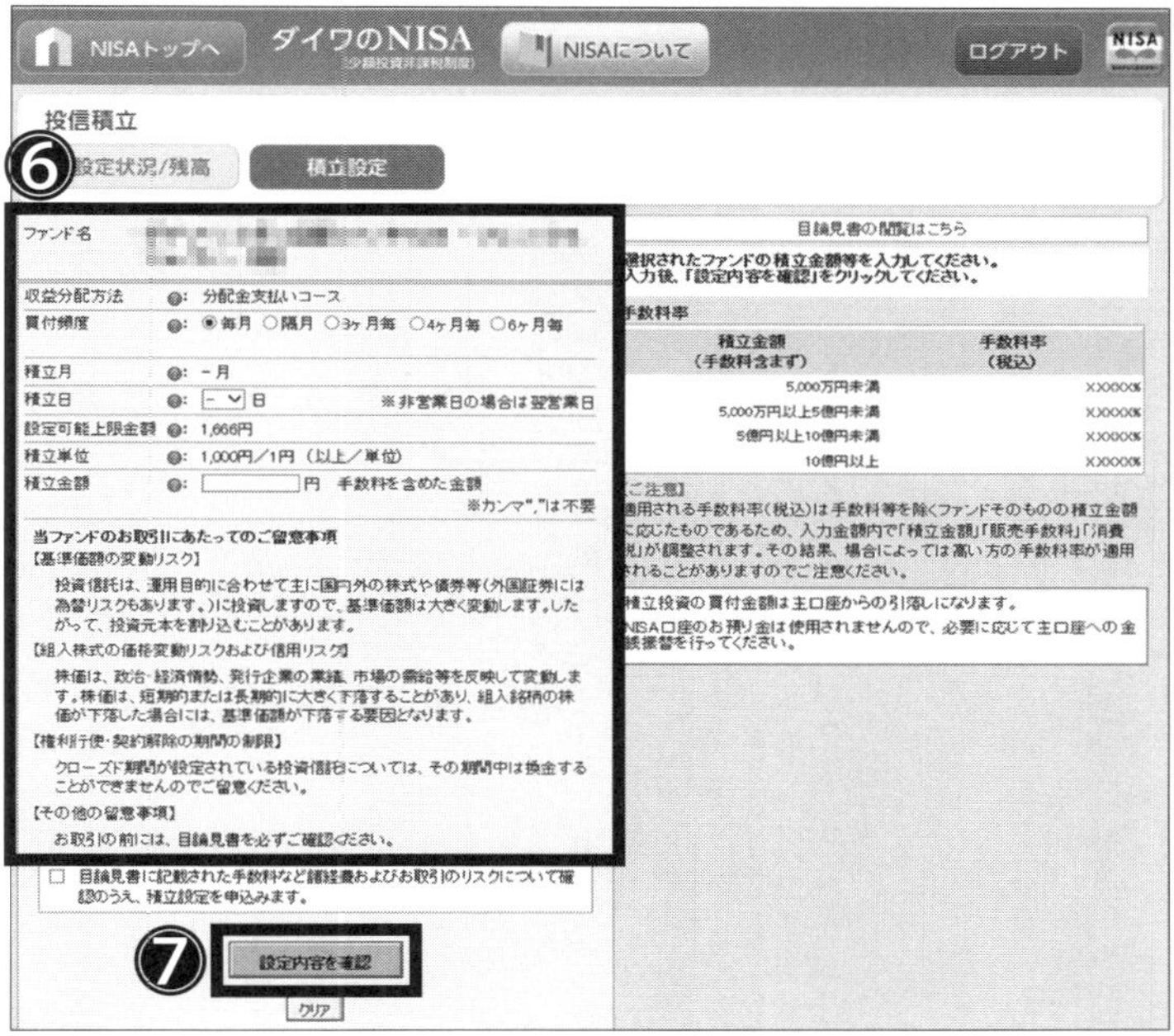
NISAトップへ
ダイワのNISA
NISAについて
ログアウト
投信積立
設定状況/残高
積立設定
ファンド名
収益分配方法：分配金支払いコース
買付頻度：◉毎月 ○隔月 ○3ヶ月毎 ○4ヶ月毎 ○6ヶ月毎
積立月：－月
積立日：日　※非営業日の場合は翌営業日
設定可能上限金額：1,666円
積立単位：1,000円／1円（以上／単位）
積立金額：円　手数料を含めた金額
※カンマ","は不要
当ファンドのお取引にあたってのご留意事項
【基準価額の変動リスク】
投資信託は、運用目的に合わせて主に国内外の株式や債券等(外国証券には為替リスクもあります。)に投資しますので、基準価額は大きく変動します。したがって、投資元本を割り込むことがあります。
【組入株式の価格変動リスクおよび信用リスク】
株価は、政治・経済情勢、発行企業の業績、市場の需給等を反映して変動します。株価は、短期的または長期的に大きく下落することがあり、組入銘柄の株価が下落した場合には、基準価額が下落する要因となります。
【権利行使・契約解除の期間の制限】
クローズド期間が設定されている投資信託については、その期間中は換金することができませんのでご留意ください。
【その他の留意事項】
お取引の前には、目論見書を必ずご確認ください。
目論見書に記載された手数料など諸経費およびお取引のリスクについて確認のうえ、積立設定を申込みます。
設定内容を確認
クリア
目論見書の閲覧はこちら
選択されたファンドの積立金額等を入力してください。
入力後、「設定内容を確認」をクリックしてください。
手数料率
積立金額（手数料含まず）
手数料率（税込）
5,000万円未満
5,000万円以上5億円未満
5億円以上10億円未満
10億円以上
【ご注意】
適用される手数料率(税込)は手数料等を除くファンドそのものの積立金額に応じたものであるため、入力金額内で「積立金額」「販売手数料」「消費税」が調整されます。その結果、場合によっては高い方の手数料率が適用されることがありますのでご注意ください。
積立投資の買付金額は主口座からの引落しになります。
NISA口座のお預り金は使用されませんので、必要に応じて主口座への金銭振替を行ってください。
6
7

もし、複数の商品を積み立てたいのであれば、その商品ごとに同様の手続きを行うことになります。

なお、投資信託の購入にかかるお金は、銀行の場合は総合口座内の普通預金から引き落とされます。

また、証券会社では、総合取引口座内にあるＭＲＦ（マネーリザーブファンド）から引き落とされます。

ＭＲＦとは、証券会社の決済用に使われる投資信託で、銀行でいうところの普通預金に近い商品です。元本保証はしていませんが、元本割れしないように慎重に運用されている投資信託です。

大和証券の場合は、連携（ツインアカウント）している大和ネクスト銀行の普通預金から引き落とすことも可能となっています。

■つみたてＮＩＳＡの始め方……りそな銀行の窓口で申し込む

①窓口で相談・申し込みをする

証券会社と比べると銀行は日頃行き慣れているため、やや敷居が低い場所と言えます。しかし、昨今は機械処理で済む用事の方が多く、銀行の窓口を使うことはあまりないため、銀行で相談をすること自体に抵抗を感じるかもしれません。

しかも、窓口が開いているのは平日の15時までとなっているのが一般的です。多くの人は働いている時間ですから、相談することはなかなか難しいでしょう。

しかし、りそな銀行は全店17時まで窓口が開いている他に、「セブンデイズプラザ」という、19時まで営業しているお店もあります。土日や休日も営業しているので、原則年中無休です。平日の昼間に忙しい方にとってはうれしい対応です。

②「投資信託口座」を開設する

銀行の普通預金口座ではつみたてＮＩＳＡを始めることはできません。そのため、証券会社の総合取引口座にあたる「投資信託口座」を開設する必要があります。

りそな銀行では、投資信託口座の開設、ＮＩＳＡ口座の開設、つみたてＮＩＳＡの購入申込を一度で済ませることができます。

なお、すでに投資信託口座を持っている人は、その中にＮＩＳＡ口座を開設することになります。

店頭窓口で手続きできるほか、インターネットでも申し込みができるよう準備が進められています（平成29年12月）。どちらの場合も、ＮＩＳＡ口座開設にあたっては本人確認書類が必要となります。

ＮＩＳＡ口座の開設を申し込むと、前述の大和証券の場合と同様に、税務署での確認が行われます。りそな銀行の場合でもやはり３～４週間程度の時間を要すると考えられるので、余裕を持って口座を開設しておきましょう。

※金融機関の変更、廃止後再開設については、専用の非課税口座開設届出書がございます。　①

非課税適用確認書の交付申請書　兼　非課税口座開設届出書

株式会社りそな銀行　御中

租税特別措置法第37条の14第6項の規定により、同条第5項第6号に規定する非課税適用確認書の交付を申請します。また、非課税適用確認書が交付された場合は、併せて、租税特別措置法第9条の8及び同法第37条の14第1項から第4項までの規定の適用を受けたいので、同条第5項第1号の規定により、その旨届け出ます。

提出年月日	年　月　日	
おところ（現住所）	〒　お電話番号（　）－（　）－（　） （フリガナ） 都道府県	
お名前	（フリガナ）	生年月日 西暦・大正・昭和・平成 年　月　日
非課税口座を設定する勘定の種類と勘定設定期間 （□にチェックをして選択してください）	いずれかの□にチェックをして選択してください □ 非課税管理勘定（NISA）2018年～2023年	□ 累積投資勘定（つみたて NISA）2018年～2037年

＜銀行使用欄＞

お客さま控ご返却前に記入のこと

非課…日の…	2018年 □	2021年 □
非課…営業所	店名	株式会社りそな銀行　支店・出張所

本人確認（1つ選択）

住1	保1	保6
住2	保2	保7
住3	保3	保8
番1	保4	保9
免1	保5	年1
免2	印	その他

（受付時押印）　申込書受付者　マイナンバー確認印　検　印　　営業所受理日日付印　　（センターあて送信）取扱印　検　印

→RQ22301 名寄せ口座照会によりマイナンバー有無を確認。無の場合は「(汎用)個人番号告知書兼届出書」の提出を受ける。

投信口座開設確認印　投信口座開設と同日の場合　店番・店名　口座（CIF）番号（右詰めで記入）

31-276-29-50 (1/2) 保 口座抹消後 10 年 帯(2×50) 2017.10

③積み立てを開始する

りそな銀行でも、ＮＩＳＡ口座は「ＮＩＳＡ勘定」と「つみたてＮＩＳＡ勘定」に分かれています。つみたてＮＩＳＡ勘定を取り扱っている銀行は、ＮＩＳＡ勘定（一般ＮＩＳＡ）も取り扱っているので、勘定選びも大切です。

その後、じっくりと考えて積み立てる商品を決めましょう。

積み立てる商品が決まったら、「つみたてＮＩＳＡの購入申込」を行います。「ＮＩＳＡ口座の開設申込」の際に、既に「つみたてＮＩＳＡの購入申込」を済ませている方は、追加の手続きは不要です。

「つみたてＮＩＳＡの購入申込」は店頭で手続きできます。こちらも、インターネットだけで手続きできるように準備が進められています（平成29年12月）。

りそな銀行では、１円単位で１万円以上から申し込み可能です。

積立購入頻度は「毎月」のみなので、つみたてＮＩＳＡの年間投資上限額である40万円まで、毎月の積立上限額は３万３３３３円となります。

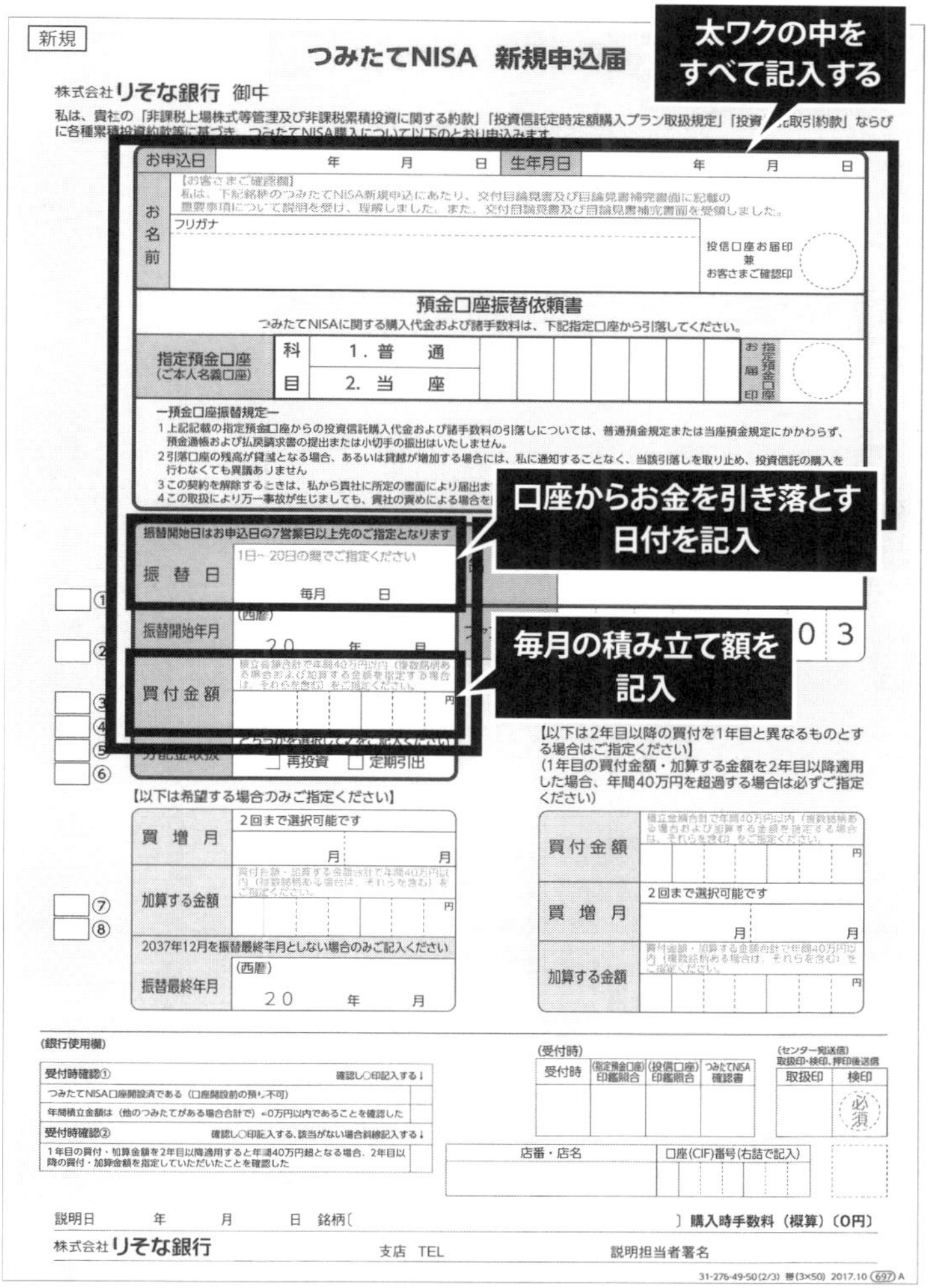

新規

つみたてNISA　新規申込届

株式会社りそな銀行　御中

私は、貴社の「非課税上場株式等管理及び非課税累積投資に関する約款」「投資信託定時定額購入プラン取扱規定」「投資信託取引約款」ならびに各種累積投資約款等に基づき、つみたてNISA購入について以下のとおり申込みます。

お申込日　年　月　日　生年月日　年　月　日

お名前

【お客さまご確認欄】
私は、下記銘柄のつみたてNISA新規申込にあたり、交付目論見書及び目論見書補完書面に記載の重要事項について説明を受け、理解しました。また、交付目論見書及び目論見書補完書面を受領しました。

フリガナ

投信口座お届印 兼 お客さまご確認印

預金口座振替依頼書

つみたてNISAに関する購入代金および諸手数料は、下記指定口座から引落してください。

指定預金口座（ご本人名義口座）　科目　1．普通　2．当座　お届印　指定預金口座

一預金口座振替規定一
1 上記記載の指定預金口座からの投資信託購入代金および諸手数料の引落しについては、普通預金規定または当座預金規定にかかわらず、預金通帳および払戻請求書の提出または小切手の振出はいたしません。
2 引落口座の残高が貸越となる場合、あるいは貸越が増加する場合には、私に通知することなく、当該引落しを取り止め、投資信託の購入を行わなくても異議ありません。
3 この契約を解除するときは、私から貴社に所定の書面により届出ま…
4 この取扱により万一事故が生じましても、貴社の責めによる場合を…

振替開始日はお申込日の7営業日以上先のご指定となります

振替日　1日～20日の間でご指定ください　毎月　日

振替開始年月　（西暦）20　年　月

買付金額　積立金額合計で年間40万円以内（複数銘柄ある場合および加算する金額を指定する場合は、それらを含め）をご指定ください。　円

分配金取扱　どちらかを選択してください　再投資　定期引出

①②③④⑤⑥⑦⑧

【以下は希望する場合のみご指定ください】

買増月　2回まで選択可能です　月　月

加算する金額　買付金額・加算する金額合計で年間40万円以内（複数銘柄ある場合は、それらを含む）をご指定ください。　円

2037年12月を振替最終年月としない場合のみご記入ください

振替最終年月　（西暦）20　年　月

【以下は2年目以降の買付を1年目と異なるものとする場合はご指定ください】
（1年目の買付金額・加算する金額を2年目以降適用した場合、年間40万円を超過する場合は必ずご指定ください）

買付金額　積立金額合計で年間40万円以内（複数銘柄ある場合および加算する金額を指定する場合は、それらを含め）をご指定ください。　円

買増月　2回まで選択可能です　月　月

加算する金額　買付金額・加算する金額合計で年間40万円以内（複数銘柄ある場合は、それらを含む）をご指定ください。　円

（銀行使用欄）

受付時確認①　確認し○印記入する↓
つみたてNISA口座開設済である（口座開設前の預りは不可）
年間積立金額は（他のつみたてがある場合合計で）40万円以内であることを確認した

受付時確認②　確認し○印記入する。該当がない場合斜線記入する↓
1年目の買付・加算金額を2年目以降適用すると年間40万円超となる場合、2年目以降の買付・加算金額を指定していただいたことを確認した

（受付時）　受付時　（指定預金口座）印鑑照合　（投信口座）印鑑照合　つみたてNISA確認書

（センター発送信）取扱印・検印、押印後送信　取扱印　検印　必須

店番・店名　口座（CIF）番号（右詰で記入）

説明日　年　月　日　銘柄〔　〕購入時手数料（概算）〔0円〕

株式会社りそな銀行　支店　TEL　説明担当者署名

31-276-49-50(2/3) 巻(3×50) 2017.10 (697) A

■積み立て変更の手続き

一度積み立てを開始すると、口座引き落としによって同じ投資信託を購入し続けることになります。

ただ、相場の状況によっては、積み立てる商品を変更したいと思う場面も出てくるでしょう。そのようなときは、いつでも積み立てる投資信託を変更することができます。

その際、どのような手続きが必要となるのか、大和証券のケースで確認してみましょう。

商品は変えずに買付条件のみを変更する場合は、「積立設定」の画面で設定することができます。ただし、買付頻度は変更できないので、買付頻度を変更したい場合は、現在の積立を解除して、再度設定する必要があります。

商品を変更する場合も、積立買付設定されている商品の積立を解除します。その

①は積み立て設定を変更しようとする投資信託名です。
②は購入時の手数料ですが、つみたてＮＩＳＡでは購入時に手数料がかからないので気にする必要はありません。
③は配当金の受け取り方の選択を示しています。
④には投資信託を買い付ける月が示されています。
⑤にはその積み立ての上限額が示されています。
⑥積立最少額と金額変更単位が示されています。
⑦は設定している積立額です。
⑧には留意事項が示されているので読みましょう。
⑨確認事項をチェックします。
⑩変更を確認してチェックします。
⑪クリックすると確認画面へ移動します。
⑫変更をやり直したいときは「クリア」をクリックします。

後、あらためて積み立てたい商品の積立買付設定を行います。

なお、その年の非課税限度額をオーバーする設定になってしまった場合は、その年度におけるＮＩＳＡの投信積立の買い付けは自動的に停止されます。そしてその後、翌年度の1月より自動的に再開されることとなります。

■つみたてＮＩＳＡを止めるとき

一定期間積み立てを続けることが前提のつみたてＮＩＳＡではありますが、人生には不測の事態が起きることもあります。そのようなときは、途中でその積み立てを停止することもできます。

その方法は実にシンプルです。もっとも簡単な方法は、「引き落とし口座の残高を不足させる」というものです。

引き落としができなかった場合でも、金融機関があらためて請求することはあり

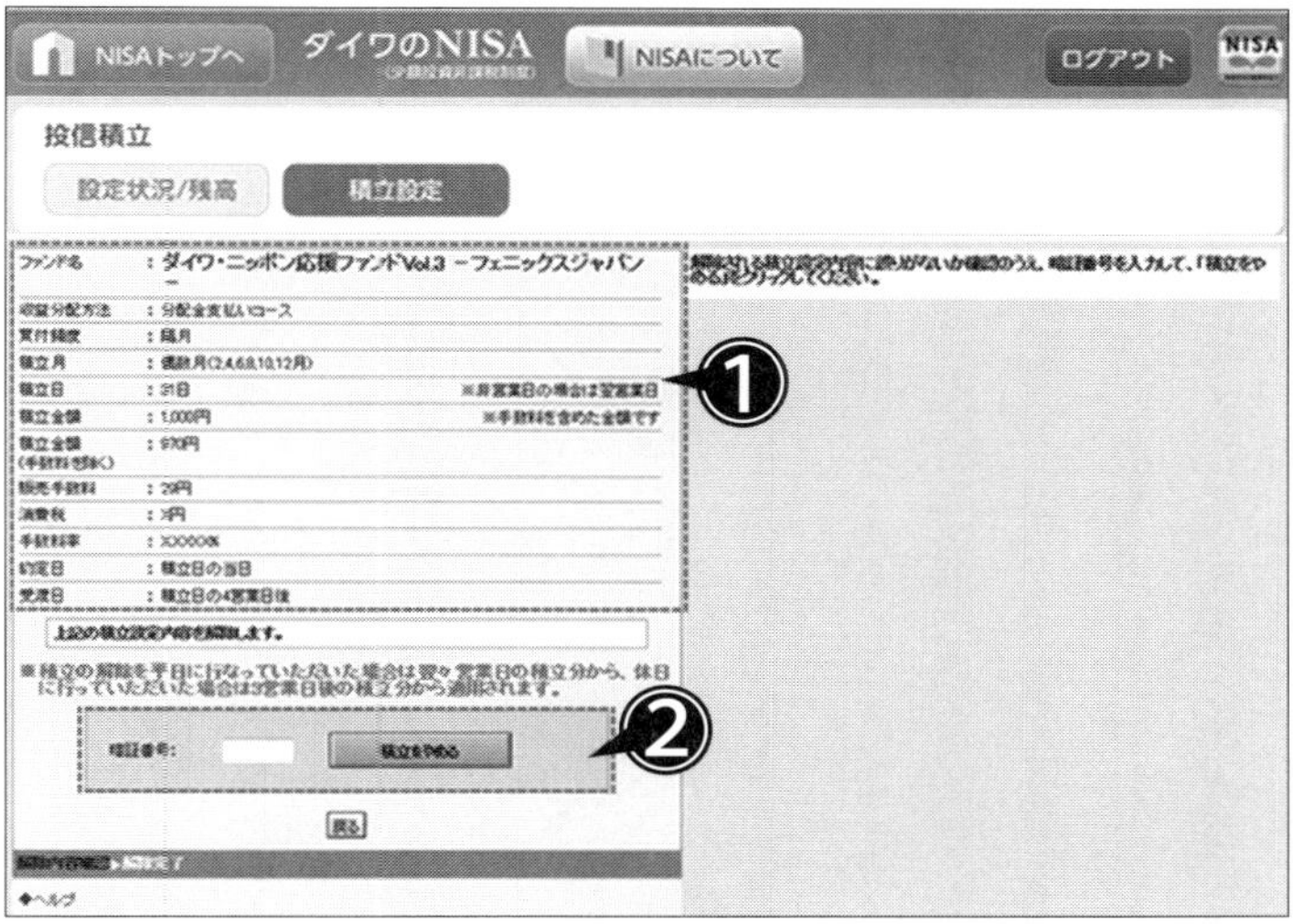

①解除される銘柄の設定内容が表示されます。
②暗証番号を入力し、「積立をやめる」をクリックします。

ません。その後の積立額を大きくすることで穴埋めすることもできますが、手続きの手間を考えると現実的ではありません。

また、預金残高あるいはMRFの残高をゼロにはしたくないけれど、積み立てを停止したいといったときもあるでしょう。

そこで、積み立て自体を停止する場合の手続きについても確認しておきましょう。

といっても、手続きは簡単です。積立設定画面より、暗証番号を入力し、「積立をやめる」ボタンをクリックすれば積立を停止することができます。

なお、ここまでの手続きは、自分自身で手続きを行いたい人のケースです。窓口で手続きをやってもらいたい人は、大和証券であればダイワ・コンサルティングコースを選べば対応してくれます。

また、前述の通り、りそな銀行では基本的に窓口での対応となります。インターネットでの手続きに関しても準備中なので、りそな銀行でつみたてNISAを始めたい人は、しばらくの間は窓口にてNISA口座開設や商品変更の手続きを行う形となります。

6章

つみたてNISAの続け方と制度の使い分け

■つみたてＮＩＳＡのメンテナンス

投資をする以上は利益を出したいものです。しかし、つみたてＮＩＳＡは一時的な収益を狙うための制度ではありません。将来に向けてコツコツと投資を続けることに意味があります。

持っていた投資信託が値上がりしたときに売却すれば、一時的な利益を得ることはできます。しかし前述のように、数年後にもっと値上がりして、「あのときに売らなければ良かった」などと後悔することもあるでしょう。

左のグラフは、国内株式・国内債券・外国株式・外国債券へ25％ずつ分散投資した場合の推移を示したものです。

記憶に新しいところでは、２００８年のリーマンショックによって大きく値下がりしているのが特徴的です。

もし、リーマンショックが起きることを予測して２００７年にすべて売却してい

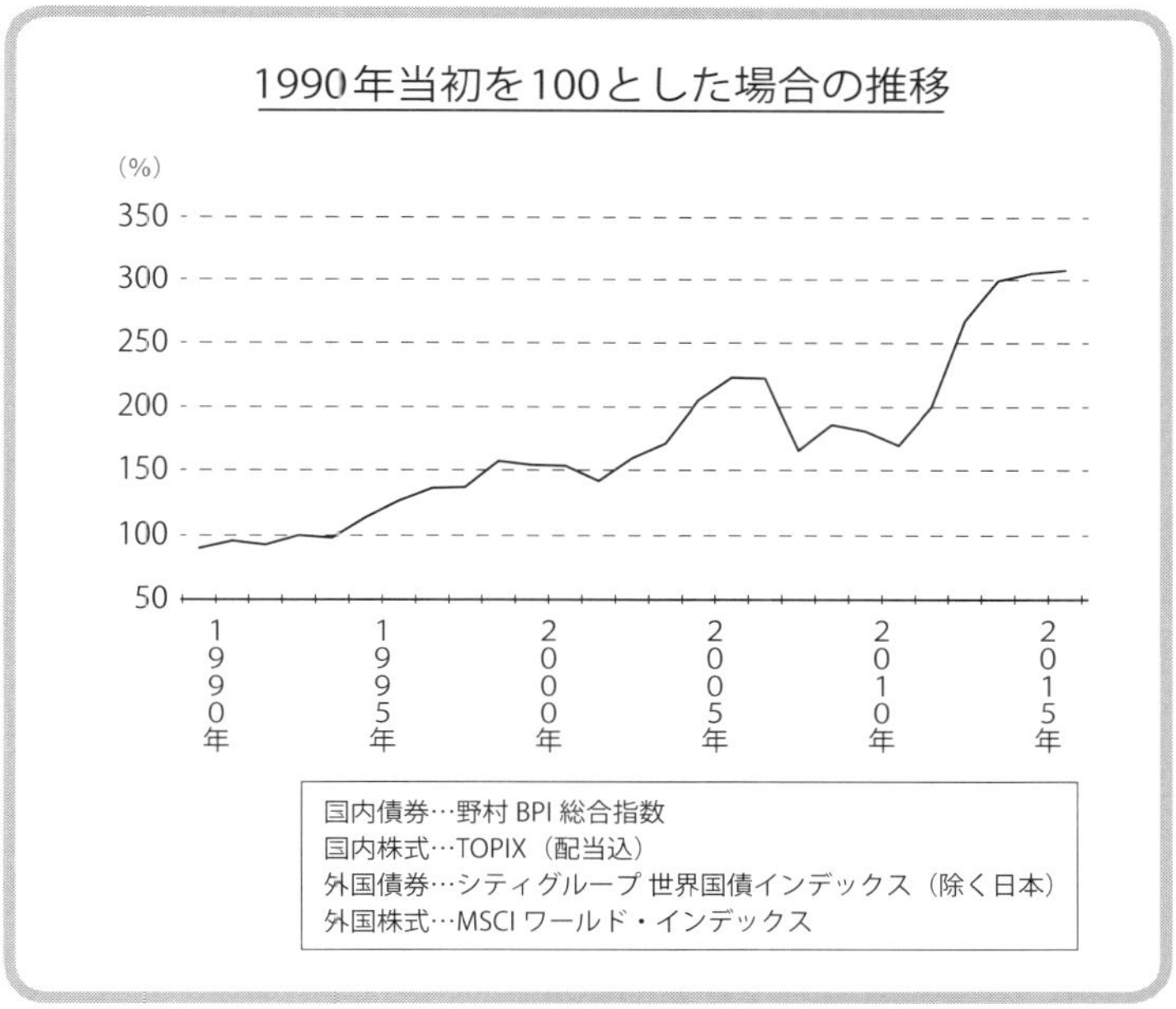
1990年当初を100とした場合の推移

れば、「読みが当たった」と喜んでいたことでしょう。しかし、２０１６年末までの結果を見れば、そのまま投資し続けていた方がより良い結果を生んでいたことが分かります。

もちろん、２００７年に売却し、２００９年や２０１０年に買い戻していれば、もっと儲かったはずです。しかし、売るタイミングと買うタイミングの両方を当てるというのは、投資のプロでも難しい技です。

つまり、売買のタイミングに一喜一憂することなく、長期的に続けた方が良いのです。

ただ、長期的に続けるということは、長期的に放っておくということではありません。長期的に良い投資を行うためにはメンテナンスが必要です。

特に心がけたいメンテナンスが**「リバランス」**です。これは、初心者には特に実践してもらいたい投資のテクニックです。

たとえば、40万円の資金を用意して、①株式で運用する投資信託に20万円、②債券で運用する投資信託に20万円投資したとします。

その後、①の価格が上昇して2倍に値上がりしたとすると、両者のバランスは崩れ、左の図のように①の比率が高まるので、その分だけリスクも高まることになります。

もし、この状況で株価が暴落すると一気に資産が減少してしまうような事態になるでしょう。そのような事態にならないためには、全体のバランスを元に戻すことが必要です。それが「リバランス」です。

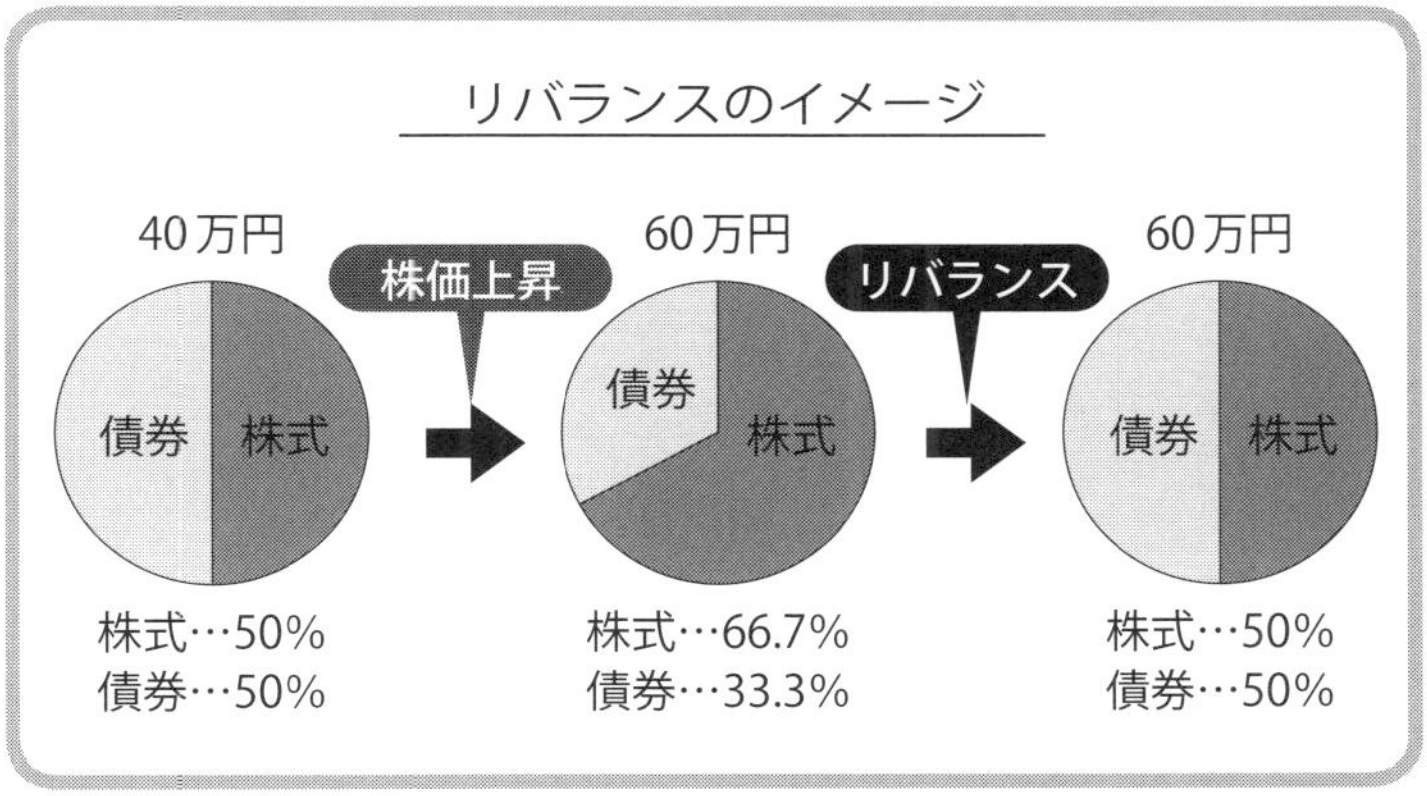

先ほどのケースであれば、株式を10万円売却して債券を10万円購入することで、バランスを元に戻すことができます。

ただし、つみたてＮＩＳＡでは、一度売却してしまうと非課税のメリットを失ってしまうので、前述のようなリバランスを実践するのは難しいでしょう。

そもそも、つみたてＮＩＳＡで購入できる商品に、債券のみで運用する投資信託はありません。そのため、つみたてＮＩＳＡのみによってリバランスを自分で行うことはできません。

自分でリバランスをするためには、一般口座や特定口座を駆使して資産全体のバランスを調整する必要があり、初心者にとってはややハードルの高い手続きとなってしまいます。

そこで、一番お手軽なのは、つみたてNISAでバランス型の投資信託を購入することです。バランス型の投資信託は、その商品内で常にリバランスを行っているからです。

もちろん、自分でリバランスをしても良いのですが、つみたてNISAで背伸びをする必要はありません。時間的余裕や性格などを考慮して、自分なりの投資法を決めていってください。

売却は20年にこだわらなくていい

つみたてNISAでは、購入した投資信託の基準価額が20年後に何十倍にもなり、途中で分配金を受け取ったとしても非課税です。非課税の効果を最大限に活かそうと思えば、期限ギリギリのところまで売却を待った方が良いかもしれません。

しかし、投資信託は時価の変動があるものです。保有している商品が20年後に最高値となっているかどうかは分かりません。たとえ開始5年目や10年目であっても、あきらかに「これ以上は値上がりしない」と感じた場合は、早々に売却して利益確定しても良いでしょう。

同様に、損失が発生していて、もう価格の回復が見込めないという場合も、早々に見切って売却してしまってかまいません。ちなみに、このような売却のことを、投資用語では「損切り」と呼んでいます。

つまり、つみたてＮＩＳＡでの運用は20年が目安であるものの、その間の売却については自由ということです。

たとえば、買い続けた投資信託を売却する時期を「15～20年後」と設定しておき、それまでは売却しないが、15年経ったらある程度値上がりしたところで売却する、などと決めておくのです。一括売却しなければいけないというルールもありません。一部だけ売却することも可能です。

このように決めておけば、非課税期間の終了直前に投資信託の価格が暴落して利益を失う、あるいは大損してしまうという事態を避けることができます。

もちろん、15年を経過したところでまだ評価損を抱えているようであれば、その損失を解消するまで売却を待つことも可能です。

なお、一括売却をするときには注意が必要です。

一括売却で怖いのが、売却した後の値上がりです。「もう値上がりしないと思って売ったけど、失敗した。そのまま持っていればもっと儲かったのに」と後悔することも考えられます。

その一方で、売るのを迷った挙句に値下がりしてしまい、「まだ値上がりするかもと思って売らなかったけど、あのときに売っておけば良かった」と後悔することもありえます。

投資の世界には「もうはまだなり。まだはもうなり」という格言があり、投資のプロでも売り時のチャンスを掴むのは難しいものです。

このような後悔を避けたいと思うのであれば、「半分に分けて売る」さらには「10回くらいに分けて売る」などという方法をとる方が良いでしょう。

購入時に積み立てという手段があったのと同様に、売却時には「取り崩し」という手段があるのです。

「買うより売る方が難しい」という格言もあります。そんな難しい作業を1回で終わらせることの方が、初心者にとっては無理な話とも言えます。

少しずつ積み立てるのと同じように、少しずつ売ることも検討してみましょう。

■他の制度との使い分け

つみたてＮＩＳＡの最大のメリットは「運用益が非課税になる」という点ですが、他にも同様のメリットを持つ制度はあります。なかには、つみたてＮＩＳＡのメリットに加えて他のメリットも受けられる制度もあるので、比較しながら上手な使い分けを考えてみましょう。

つみたてＮＩＳＡとよく似ているのが、36ページでも登場した**確定拠出年金**です。

確定拠出年金では、毎月の掛金を、預金や保険、投資信託といった金融商品のなかから自分で選んだもので運用します。

そして、つみたてＮＩＳＡと同様、運用によって得た収益には課税されません。

確定拠出年金の大きな特徴は、掛金が非課税あるいは所得控除となる点です。結果として、掛金を積み立てることによって、給与等の収入にかかる所得税や住民税の負担が軽減されることになります。

「働いたお金を老後のために貯める」と決めたのであれば、つみたてＮＩＳＡよりも確定拠出年金の方が有利であるとも考えられます。

ただし、つみたてＮＩＳＡにはないデメリットも存在します。

確定拠出年金で運用した資金は、原則として60歳になるまで引き出すことができません。60歳以降にお金を引き出す際には、所得税や住民税の課税対象となりますが、一時金で受け取る場合は退職所得控除、年金形式で受け取る場合は公的年金等控除が適用されるので、受け取り時も優遇されています。

他にも、所得控除を利用しつつ積み立てができる制度として、**個人年金保険**があ

他の制度との比較

	つみたてNISA	確定拠出年金	個人年金保険（税制適格）
運用益	非課税	非課税	課税 ※受け取り時に課税
受け取り時	非課税	課税 ※控除あり	課税 ※運用益分
所得控除	なし	小規模企業共済等掛金控除（全額控除）※個人型の場合	個人年金保険料控除（最大４万円／年）
積立期間	最大20年	60歳まで（60歳以降も運用は可能）	10年以上
引き出し	いつでも可能	60歳以降（障害給付年金を除く）	60歳以降年金形式のみ（中途解約は元本割れになることが多い）
年間最大積立額	40万円	職業等により異なる	制限なし
目的	個人の資産運用	老後資金の蓄えとして運用	

ります。

これは名前に「保険」とある通り保険の一種で、掛金は「個人年金保険料控除」の対象となるため、税金の控除対象になります。

積み立て（保険料の支払い）期間10年以上、お金を受け取ることができるのは60歳以降で年金形式（10年以上の期間に分けて受け取る）といった条件をクリアすれば、最大で所得税は4万円、住民税では2万8000円の所得控除となります。

ただしこれは年間8万円以上の保険料を支払った場合で、8万円より少ない場合はその分だけ所得控除できる金額も少なくなります。

全額を所得控除扱いにできる個人型確定拠出年金（iDeCo）に比べると、やや魅力が低いと考えられます。

加えて、個人年金保険は自分で運用することができないので、投資という側面はありません。所得控除を利用して着実にお金を貯めたい人用の仕組みと言えます。

投資で老後に使えるお金を増やしたいという場合は、変額個人年金という選択肢もあります。

変額個人年金も保険の一種で、掛金は「生命保険料控除」となるため、税金の控除対象になります。積み立てた保険料の運用は、保険会社に任せるのではなく自分で投資して運用するのが変額個人年金の特徴です。運用によって受取額が変わるので「変額」と名前に付いています。株式や債券等に投資して、将来の年金額を増やす仕組みです。

変額個人年金は、もし投資に失敗した場合でも、払い込んだ保険料の総額は死亡時に最低限保障されます。

つまり、生きている場合は損失がそのまま残るものの、保険料払込期間中に死亡した場合は、その損失は帳消しになるということです。

ただし、「生命保険料控除」の上限額には注意が必要です。

生命保険料控除の上限は４万円ですが、すでに定期保険や終身保険等に加入している場合は、その枠を使い切っている可能性があります。そうなると、変額個人年金の分はメリットを受けることができなくなってしまいます。

なお、個人事業や中小企業の経営者であれば、小規模企業共済といった他の選択肢も選ぶことができます。

このようにつみたてＮＩＳＡ以外にも、税制優遇を利用してお金を貯めたり投資をしたりすることができる仕組みがあります。どれが自分に一番合うのか、考えた上で判断をすると良いでしょう。

また可能であれば、どれかひとつだけを利用するのではなく、目的に合わせて使い分けることもできます。

家族内でのＮＩＳＡの使い分け

21ページで示した通り、一般ＮＩＳＡに比べ、つみたてＮＩＳＡの年間投資上限額は少なくなっています。そのため、大きな金額を一気に投入するといったことができません。

また、あらかじめ購入月や購入日を決めておくため、「今が底値だから、今日買いたい」といったタイミングで購入することができません。いつでも何でも買える一般ＮＩＳＡに比べると、つみたてＮＩＳＡはやや制限が厳しい側面があります。

そこで、家族で資産運用を行うのであれば、家族内で一般ＮＩＳＡとつみたてＮＩＳＡを使い分けるという方法も考えられます。

たとえば、夫は一発の大儲けを狙いたいので株式や投資信託の中から利益が出そうなものを一般ＮＩＳＡで購入する、一方、着実にコツコツ貯めたい妻はつみたてＮＩＳＡを利用する、といった具合です。

その他にも、20歳未満の子ども向けに「ジュニアＮＩＳＡ」というものもあります。年間80万円まで積み立てが可能で、購入した株式や投資信託が値上がりした場合でも、その値上がり益には課税されません。

ジュニアＮＩＳＡの名義は子どもですが、資金の出所や運用を考えるのは親（もしくは祖父母）になります。

基本的に、一般ＮＩＳＡやつみたてＮＩＳＡだけでは物足りない人がもっと非課税で投資したい場合に使われるのがジュニアＮＩＳＡだと言えます。一般ＮＩＳＡやつみたてＮＩＳＡの投資上限額で満足できる人が、わざわざジュニアＮＩＳＡを利用する必要はありません。「もっと非課税で投資したい」という、ある意味欲張りなお金持ち用の仕組みだと考えると良いでしょう。

あるいは、相続税対策としても活用することができるかもしれません。

多額の現金や投資信託をそのまま子どもに相続すると贈与税や相続税がかかりますが、子どもの名義のジュニアＮＩＳＡ口座で購入すれば、節税することができるのです。

なお、ジュニアＮＩＳＡがつみたてＮＩＳＡや一般ＮＩＳＡともっとも異なる点は、18歳（3月31日時点で18歳である年の1月1日以降）にならないと引き出すことができないことです。

もし資産を引き出すと、配当金や売買益等に課税されることになります。そのため、ジュニアＮＩＳＡ口座内の運用資産は流動性が低く、いざというときに現金を使うことが難しくなっています。

■他の証券口座との違いと併用法

つみたてＮＩＳＡは、市場の変動を見て株を売買したり、デイトレードで短期的な投機を行うためのものではありません。年間最大40万円という制約の中で長期的な積み立てを行うことによって、非課税のメリットを得るための特別な口座と考えるべきです。

「投資の経験は無いけど、税金が取られないのなら、ちょっとやってみよう」という方は、つみたてＮＩＳＡを活用するのが良いでしょう。

一方、すでに投資の経験があり、ある程度の金融資産を持っている人は、一般口座や特定口座を中心に考えた方が良いでしょう。

これらの口座では運用益に課税されますが、株式や投資信託などのさまざまな金融商品を持っている場合、利益をあげている商品もあれば、損をしている商品もあるはずです。その場合は、損益通算をした方が、最終的な課税額が少なくなる可能性があります。また、損失を繰越控除できるというメリットもあります。

全体的なバランスを考えると、相場の動向に見通しが立たないようなときは、損益を通算することができないＮＩＳＡ口座を利用せず、一般口座等によって投資を行なうことも考えられます。

その場合は、つみたてＮＩＳＡで一部の商品の運用益が非課税になるというメリットを狙うより、新規投資分の一部として活用するという形になるでしょう。

いずれにせよ、つみたてＮＩＳＡでは収益が大きくても非課税になるので、分配金や売却益等の長期的なリターンが高くなることが期待できる資産に活用すると良いでしょう。

お金が貯まったことに目を向けよう

ここまでに何度も触れてきましたが、つみたてＮＩＳＡは初心者が利用しやすいように設計された制度です。選択できる投資信託が少ないのも、初心者が迷わないように配慮されているからです。

もし、「つみたてＮＩＳＡは使いづらいな」と感じたのであれば、それはみなさんが投資家として初心者を卒業した証かもしれません。一般ＮＩＳＡを使って、年間１２０万円という大きな非課税枠を使って存分に投資を楽しんでください。

ただし、投資によって大きな利益を手にした人が少数派であることをみなさんは知っているはずです。投資のプロを自任していても、大きな損失を出したことで投資を諦めたという人もたくさんいます。

タイミングを気にせずにコツコツと積み立て続ける点が、つみたてＮＩＳＡの特徴です。よって、「投資する」ことよりも「貯める」ことに意識を向けた方が良いでしょう。

投資によって「儲かった」「損した」ということよりも、結果的に「〇〇万円のお金が貯まった」ことに目を向けましょう。

つみたてＮＩＳＡは元本が保証されているわけではありませんが、将来に向けて着実にお金を貯めたい人のニーズに応えた仕組みでもあります。

初心者だからこそ、短期的な利益・損失に流されず、積み立て資産をしっかり貯めていきましょう。

おわりに

本文でも言及したように、国は「貯蓄から投資へ」というスローガンを発信しています。

このようなスローガンを聞くと、〝まずは貯蓄ができていないと資産形成を始められない〟という気になってしまうかもしれません。

しかし、「貯蓄ができている」というのは、なんともあいまいな尺度です。1億円の預金があっても不安な人もいれば、預金残高が数万円でも元気に生活している人もいます。

貯蓄できているかどうかに、答えはないのです。

ということは「貯蓄」をスタートラインにしている限り、資産形成はスタートできないことになってしまいます。

ここでご提案です。

いっそのこと、「貯蓄」というスタートラインを捨てましょう。

これからは「ゼロから資産形成へ」です。「貯蓄」というスタートラインではなく、誰もが今立っているところを「ゼロ」として、そこから「始めてみる」のです。

ゼロから始める場合、国がバックアップしてくれる口座の方が安心できませんか？　その意味で、つみたてＮＩＳＡは使わないのがもったいないほどの、ぴったりの制度なのです。

この制度を利用することで、少額ずつ、コツコツ積み立てていくことで、将来の準備を無理なく進めていくことができるでしょう。

本書が、つみたてＮＩＳＡをみなさんが活用することに貢献できることを願います。


プルーデント・ジャパン株式会社代表取締役　瀧川茂一

【著者】

瀧川茂一（たきがわ・しげかず）

プルーデント・ジャパン株式会社代表取締役。

早稲田大学大学院ファイナンス研究科修了。ファイナンス修士（専門職）MBA、企業年金管理士、DCコンシェルジェ®。

システムエンジニアを経て、自身のライフイベントをきっかけに、確定拠出年金分野での教育専門会社である同社に入社。多くの運営管理機関からのアウトソース業務を請けつつ、大手確定拠出年金制度導入企業から直接「加入者目線の継続教育」の企画を依頼され年間200回以上の「DC継続教育」プロデュースを手掛ける。

著書に『5,000円から始める確定拠出年金』（小社刊）がある。

小山信康（こやま・のぶやす）
ＣＦＰ®、FP技能士１級、１級企業年金総合プランナー、DCコンシェルジェ®。
主な著書は『5,000円から始める確定拠出年金』『投資は投資信託だけでいい』『リターンとリスクがよくわかる図解投資のカラクリ』（小社刊）、『貯金のできる人できない人』（マイナビ新書）、『お金持ちは２度カネを生かす！』（経済界）など。

5,000円から始めるつみたてNISA

平成30年2月 9日 第一刷
平成30年2月15日 第二刷

著　者　　瀧川茂一　小山信康

発行人　　山田有司

発行所　　株式会社　彩図社
東京都豊島区南大塚3-24-4
ＭＴビル　〒170-0005
TEL：03-5985-8213　FAX：03-5985-8224

印刷所　　シナノ印刷株式会社

URL：http://www.saiz.co.jp
https://twitter.com/saiz_sha

ISBN978-4-8013-0270-9 C0033